聖教新聞社
［編］
東京大学大学院准教授
開沼 博
［解説］

「外部」と見た
創価学会の現場

潮出版社

はじめに——聖教新聞社「ＳＯＫＡの現場」取材班

本書は、聖教新聞で二〇二二年三月から二三年十二月まで連載した企画「ＳＯＫＡの現場」の全編《ぜんぺん》を収録したものである。

全国各地の創価学会員の「価値創造の挑戦」を追う同企画は、聖教新聞記者による取材ルポと、社会学者である開沼博・東京大学大学院准教授による寄稿《きこう》で各テーマを構成した。本書では開沼准教授の寄稿を、「解説」として収録している。

書籍化に当たって、新聞読者以外にも意味が伝わりやすいよう、脚注《きゃくちゅう》を加え、加筆・修正を行った。また、月刊誌『潮』二〇二四年六月号に掲載された、作家の佐藤優氏と開沼准教授による創価学会研究を巡る対談を、両氏のご厚意《こうい》で転載させていただいた。

開沼准教授には、さかのぼること一〇年以上前から、東日本大震災後の復興の課題など、社会に切り込む鋭い視点を聖教新聞紙上で展開していただいてきた。また、東北をはじめ各地で、講演や学会員との交流の機会も持たれた。詳細は序章のインタビューに譲《ゆず》るが、開沼准教授はそうした接点を通して、創価学会研究に関心を持つようになったと言う。

開沼准教授の学術的好奇心を原動力として、「SOKAの現場」の連載が実現し、このほど一冊の書籍となって実《み》を結《むす》んだことは、記者一同、望外《ぼうがい》の喜びである。

連載を通じて、開沼准教授が取材した学会員は、全国各地や海外メンバーも含めて、一〇〇人を超える。創価学会に関する学術研究は過去にもあるが、その多くは、高度経済成長期の学会の発展に光を当てたものだった。また近年は、〝宗教二世〟がクローズアップされる中で、宗教への基本的理解を欠いた言説や、宗教間の教義・活動形態の差異を無視した浅薄《せんぱく》な論議が目立ったのも事実である。

連載が始まったのは、新型コロナのパンデミックを契機に、「人間とは」「生きるとは」という実存的な問いかけがなされた、「危機の時代」ともいうべき時である。また、奇《く》しくも、〝宗教二世〟を巡る言論空間が沸き起こったのも連載期間中であった。開沼准教授も寄稿の中で、〝二世・三世〟の信仰観に言及している。そして、連載が終わりに近づいていた二三年十一月には、第三代会長・池田大作先生が逝去《せいきょ》された。
まさに創価学会の激動期に、「いま・ここ」を見つめた類例のない創価学会研究となったといえまいか。

言うまでもなく、世代を代表する学者であり、論客である開沼准教授の寄稿は、毎回が刺激《しげき》と啓発《けいはつ》に満ちていた。学会員にとっては当たり前の日常も、「外部（＝非創価学会員）」の研究者には「なぜ?」と映《うつ》る。その「なぜ」を解明した精緻《せいち》な言葉と洞察は、多くの会員にも納得と自信を与え、社会に対しては、創価学会に接する扉を開くものであったと確信する。

取材ルポもさることながら、毎回の寄稿には、新聞読者から多くの反響が寄せられた。この場を借りて、連載を支えていただいた読者の皆さまに、心から感謝申し上げたい。

本書が、民衆運動としての創価学会の多様で重層的な内実を、発見・再発見するような一助となれば幸いである。

一、本書は聖教新聞に連載された「ＳＯＫＡの現場」を収録し、加筆したものです。

一、時系列、役職等は新聞掲載当時のものです。

一、『日蓮大聖人御書全集　新版』のページは（新〇〇ページ）、従来の御書のページは（全〇〇ページ）と表記しました。御書本文は新版に合わせます。

「外部」と見た創価学会の現場——目次

はじめに ………… 1
序章 なぜいま創価学会なのか ………… 9
第一章 強さの根源「座談会」 福島 ………… 21
第二章 団地を支える「調和」の生き方 広島・尼崎 ………… 49
第三章 農漁業——偶然を必然に 高知・北海道 ………… 81
第四章 「人生の軸」探す若者たち 愛知・大阪 ………… 111
第五章 創価・想像の共同体 沖縄 ………… 145

第六章 「苦海」の不条理を越えて 水俣……183
第七章 変化の時代の「羅針盤」 つくば・赤坂……215
第八章 「グローバル化」の鍵 SGI……249
終章 創価学会研究を振り返って……277
特別対談 佐藤 優×開沼 博……287
あとがき……304

〈解説〉

開沼《かいぬま》 博《ひろし》◉社会学者／東京大学大学院准教授
1984年、福島県いわき市生まれ。東京大学文学部卒業。同大学院学際情報学府博士課程単位取得退学。立命館大学准教授等を経て、2021年４月より現職。他に、東日本大震災・原子力災害伝承館上級研究員、ふくしまＦＭ番組審議会委員、東日本国際大学客員教授。著書に『「フクシマ」論 原子力ムラはなぜ生まれたのか』『漂白される社会』『はじめての福島学』など。第65回毎日出版文化賞人文・社会部門、第32回エネルギーフォーラム賞特別賞。

序章

なぜいま創価学会なのか

――創価学会の現場を探究するに当たり、開沼氏が大事にしてこられた社会への視点を教えてください。

世界を見渡せば、昨今のウクライナ情勢や新型コロナウイルスのパンデミック（世界的大流行）など、目に見える危機が存在しています。これらの問題は日本の私たちにも大きな影響をもたらしていますが、それでもまだ日本は「自由」と「平穏《へいおん》」を保っている社会のように見えます。

それは、かつてのように目に見える貧困や暴力が、日常的に近くにある社会ではなくなったからです。路上で中高年のホームレスの人を見掛けることも、学校での体罰、街中での暴力沙汰《ざた》を見聞きすることも減ってきたといえます。

しかし、それらの問題はなくなったかといえば、決してそうではありません。貧困でいえば女性の貧困や子どもの貧困、暴力でいえばＤＶ（家庭内暴力）や自傷行為というように、見えづらい形で問題は深刻化しているともいえるわけです。

社会全体を見れば、かつてと比べて生活レベルは豊かになって、今では多様性を大事にしよう、地球規模の問題を考えようと、自分の周囲の幸福にも目を向けるようになってきたことは、これは大きな進展だと思います。

しかしその裏で、かつては分かりやすく存在していた問題はなくなったのではなく、社会に「あってはならぬもの」として、皆の目につかないように周縁《しゅうえん》に追いやられ、見て見ぬふりをされているだけだともいえます。

私は社会学者として、そうした、中心から外れた「周縁的な」地域や人たちを対象に、研究を続けてきました。そうした地域や人々がはらむ問題にこそ、現代社会の課題の本質が見えてくると考えるからです。

東日本大震災の被災地で

――創価学会は、一つの見方からすれば、社会的に弱い立場にある人たちを〝見て見ぬふり〟することなく、一人一人に光を当て、励まし続けてきた団体だといえます。

周縁的な存在は、当然、社会における見えにくい部分です。しかし、各地でフィールドワークをしていると、そうした地域で困っていたり、困難にぶつかっていたりする人たちの中に入って、創価学会が存在感を発揮している場面を多く目にしてきました。

例えば、東日本大震災の被災地でも、創価学会の皆さんは、励まし合いや交流の場を積み重ねてこられました。仙台市の会館（東北文化会館）を訪れたこともありますが、震災直後に会館を開放して被災者を受け入れ、重要な機能を担《にな》ったことはもちろん、その後も一貫して、誰も見ていないような現場の中で、最後の一人が立ち上がるまでとの思いで、被災者の心の復興のために寄り添い、励まし続けているのだと感じています。

私のような外部の目から見ても、創価学会は大きな存在感を発揮しているのだから、きっと内部にはそれ以上に強い、大きな論理と原動力が働いているのが想像できるんですね。しかしその論理は、外からはなかなかつかみにくい。日本中、身近なところにも学会員の方は多くいると思いますが、実際、どういった思いで、どんな活動をしているのか、その内実はうかがい知れないというのが正直なところです。

私は、そうした組織が成り立つ仕組みに興味がありますし、この本が、「外部から見た創価学会の内在的論理」を紹介していくものになればと思います。

――東北をはじめ各地で学会員と交流を重ねてこられた中、特に印象に残っていることは何でしょうか。

東日本大震災から一三年余りがたちますが、被災地では、目に見える大きな課題は解決しつつあるともいえます。その中で、当初は〝復興のため〟という目的で、被災地の外から持ち込まれた対話や集会、ワークショップといった交流の場は、復興が進むにつれて少なくなってきました。

しかし、ハード面が大きく整備された今、そうした対話や交流の必要性は、被災地の中でますます高まっていると感じます。

私は、そういった地域の交流を、見えないところで下支えしている学会員の方にも、これまでお会いしてきました。そこで感じたのは、被災地で行われているさまざまなNPO・ボランティアの活動や住民の共助《きょうじょ》の動きと、創価学会が組織として日常的にやっていることは非常に似ている部分があるということであり、興味深いと思っています。例えば座談会や訪問による激励、前向きに生きていくための思想や教えの研さん、政治や社会についての勉強。地域の人々を元気づけ、勇気づけるという点で共通しているので、活動が似てくるのは当然かもしれません。

しかし、日本の災害NPOやボランティア活動に厚みが出てきたのは、阪神・淡路大震災以降、二五年以上の歴史である一方で、創価学会は戦後一貫して、その仕組みと組織を日本全国の隅々にまで築いてきたわけです。

被災地の人々はもちろん自覚しているわけではありませんが、各地にいわば「ミニ創価学会」のような居場所ができるようになって、それが地域を支えてきたようにも見えます。

会社も学校もそうですが、コミュニティーというのは、何か目的を持って人々が集まり、設定されたゴールに向かうというのが一般的です。しかし被災地では、これといった目的や正解がなくても、ただ集まって、お互いの価値を否定せず、ひたすら話を聞いて、励まして……といった場所が、まだまだ必要とされています。

かつては同窓会や業界団体、あるいは労働組合などの強い絆《きずな》がありました。現代は、社会全体でつながりが希薄《きはく》化し、若い世代を中心に何かに所属することに違和感を抱く人も多い。有《ゆう》事《じ》の際のセーフティーネットとなりうる中間集団が、崩れている時代です。

そうした中で創価学会は、変わることなく人々をつなぐ機能を持ち続けています。その機能を稼働《かどう》させる原動力は何なのかを知りたいと思っています。

地縁・血縁を超えたコミュニティー

――目的や正解がなくても集まれるということが、大事であると感じました。創価学会の日々の活動も、世界平和と人類の幸福という根本目的を掲《かか》げた上で、目先の目標ばかりにとらわれるのではなく、「集まること」「対話すること」それ自体に価値を置いています。

それもまた、言われなければ気付かないことですよね。

目的との距離感って、とても難しい。復興支援活動をしている中でよく目にするのは、復興それ自体を目的とした人・集団が、いろいろと行き詰まる瞬間です。例えば、〝復興のために〟と掲げてイベントを催《もよお》してきた人たちにとって、復興が進むことは、自分たちのレゾンデートル（存在理由）を脅《おびや》かすことにもなりえます。極端に言えば、〝完全に復興してしまうのは困る〟といった気持ちになっていたりする。

このことは、現代社会の病《やまい》に通じる問題だと感じています。

例えば、〝自分は○○のために生きている〟と考えている人は、その○○という目的を見失った時に、生きる意味さえ見いだせなくなることがある。目的を無理やりでっち上げたり、一つの目的に固執《こしつ》したりすると、道をそれてしまった自分を許せず、別の目的を持つ他者に対しても、不寛容《ふかんよう》になります。自傷行為や暴力に走る人の背景にも、同じような状況がある場合が考えられます。

この目的との距離感についても、普段から悩みを打ち明けられる身近なコミュニティーがあれば、調整しやすいですよね。

コミュニティーには、三つの種類があります。

第一に、生まれながらにして所属が決まっているような、地縁や血縁といったコミュニティー。第二に、学校や会社など、何かの目的を持ったコミュニティーのことで、それは社縁などと呼ばれます。

人間は、これらの二つだけだとなかなか生きていけません。だから遊んだり、観光に行ったり、趣味を持ったりするのですが、そこで所属するのが第三のコミュニティー、いわゆる「サードプレイス」といわれるものです。

このサードプレイスを増やすのが近代の基本だったのですが、これも限界が見えつつあるように見える。別に無駄な交流をしたくない、一人でいるのが一番自由だと。それはそれで良いのですが、孤立して生きることのリスクと表裏一体であることも事実です。

地縁も血縁も超え、目的を一つに集約することなしに、どういったコミュニティーをつくっていけるのかというのは、日本社会における課題です。

その中で、創価学会は、学会員の方々を軸として、各地に強固なコミュニティーの基盤をつくり続けてきました。

「中道」の立ち位置

――開沼氏は、現代社会の問題の本質を「漂白《ひょうはく》」という言葉で表現されています。どのような意味を込めたのでしょうか。

上述した、「あってはならぬもの」として周縁化された存在は、問題それ自体がなくなったわけではないのに、「色」を取り除かれ、あたかもなくなったかのように見えます。そうした状態を「漂白」と呼んでいます。

見て見ぬふりをされてきた、彼ら、彼女らに目を向けるということは、漂白されてしまった問題に色を付け、描き直していく作業ともいえます。

そうした周縁的な存在に寄り添い続けてきた創価学会員の様子を紹介することもまた、「色を付け直す作業」になるのではないでしょうか。

また、色を付けるということは、ある種の立ち位置を明確にするということでもあると思います。現代は決まった立ち位置がない方が、その時々で好き勝手にきれい事が言える分、楽ではあります。しかし、自分の姿勢を示さないふらふらした態度というのは、欺瞞《ぎまん》でもあるし、長期的に見たら危険ですらあります。

創価学会が批判を受けることもあるのは、常に立ち位置を取って、現場の幸福への責任を担って行動してきたからだと思います。表面上できれい事を言っているだけの団体には、そもそも批判はありません。社会的に影響力を持つ団体でありながら、学会は、学会ならではの立ち位置を取って行動してきた。

そうした学会の立ち位置を象徴する一つが、仏教の「中道」ですね。中道とは、自分の立ち位置を意識しながら、今は右に行っているな、今は左に行っているな、だから戻そうという感覚を持つことです。「意識的である」ことが中道であり、それは、ただ中立を装《よそお》ってふらふらすることとは、対極にあります。

「答えの芽《め》」は現場に

――生活の現場で苦しむ人を〝見て見ぬふり〟をしてこなかった創価学会の活動の根底には、あらゆる複雑な事態にも耐え、目の前の課題に粘《ねば》り強く向き合い続ける「中道」の姿勢があります。そうした学会員の実像に迫るルポ取材は、東日本大震災からの復興に立ち向かう福島から始まります。

フィールドワークを続けてきて思うのは、どんな問題も「見た目ほどシンプルではない」ということです。例えば、福島第一原発（1F）の廃炉《はいろ》作業に取り組んでいる人々の生活や気持ちが報じられるようなことは、今ではほとんどありません。しかし、そうした人がいなければ長期にわたる廃炉作業が進まないのも重要な事実ですし、そうしたことへの理解と想像力がなくては、一時は人が住まなくなったこの周辺地域が、どんな未来に向かっていくのか、そして私たちはどのように向き合っていけばよいかが分からないのではないでしょうか。

どんな課題にも、見た目以上に複雑な背景があるし、その複雑さの中に入ってこそ、解決する道が見えてくると思います。「答えの芽《め》」は、常に現場にあるというのが私の確信であり、一つの信仰心に近いものだといえます。

そういった答えは、外部の者が簡単に、偉そうに言い切れるものでは決してないと思う一方で、〝外部の目線から〟答えを見いだしていくこともまた必要だという、両方の感覚が私にはあります。そういった意味でも本書では、現場の学会員の思いを直接聞いて、思いを知る機会を少しでも多く持てれば、とてもうれしいですね。

創価学会の皆さんが、日々の現場でどのような課題や困難と向き合っているのか、そしてその姿が、組織のあり方とどのようにつながっているのか、大変に興味がありますし、きっと、それを追究していくことで、学会の存在意義や価値が新たに見えてくるのかなとも思います。

創価学会の〝リアル〟に迫っていけるのを楽しみにしています。

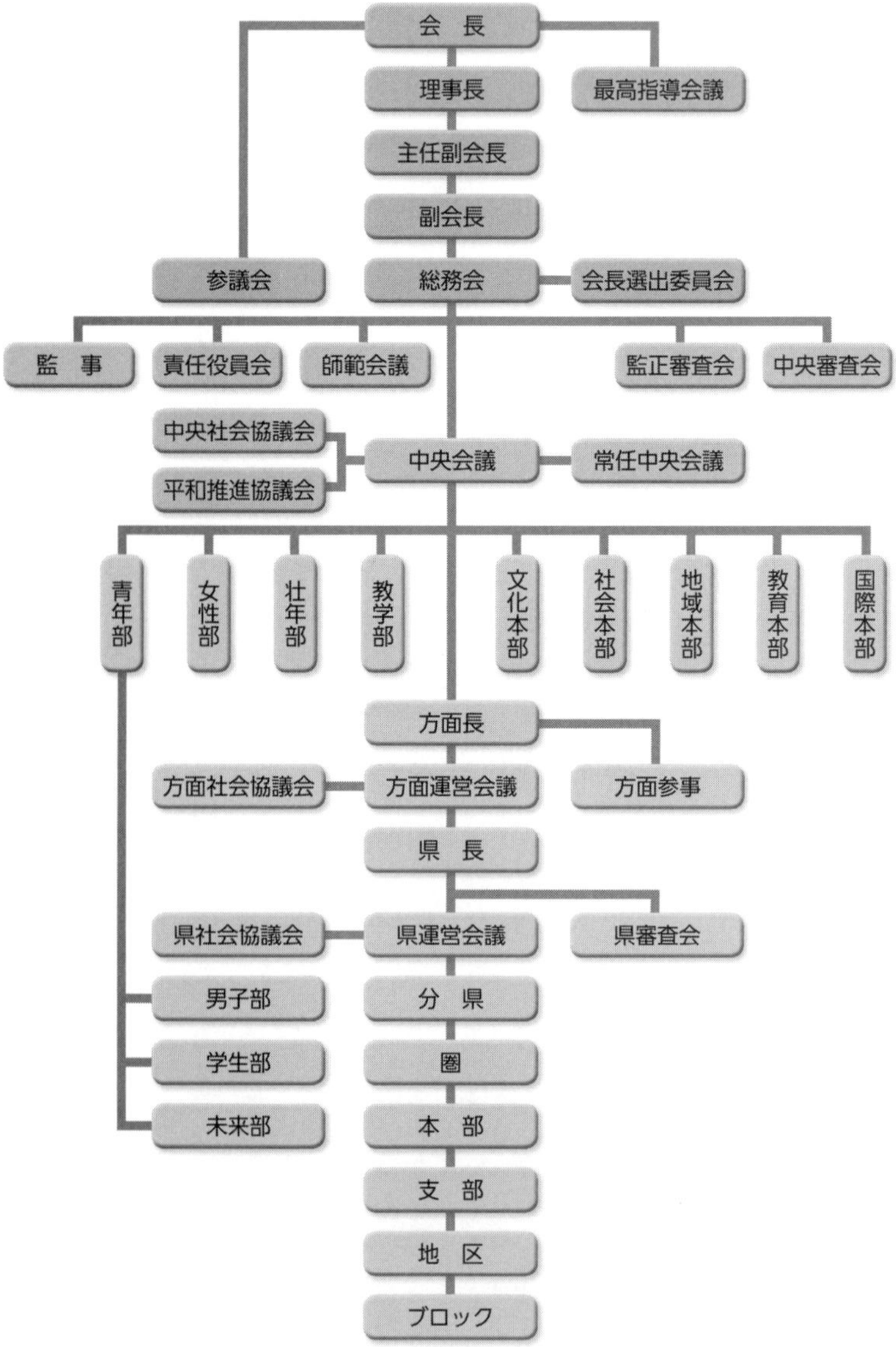

創価学会の組織機構図
（公式ホームページをもとに作成）

第1章

強さの根源「座談会」——福島

ルポ

福島に生きる人々——社会課題の先進地を希望のフロンティア（開拓地）へ

東京電力福島第一原発の事故によって指定された「帰還困難区域」——将来にわたり〝戻れない〟とされてきた同区域内に、居住を可能とする「特定復興再生拠点区域」が定められたのは二〇一七年。

その後、除染や社会インフラの整備がなされ、双葉町《ふたばまち》・大熊町《おおくままち》・葛尾村《かつらおむら》の三町村が二二年初夏に、残る浪江町《なみえまち》・富岡町《とみおかまち》・飯舘村《いいたてむら》も二三年春に、同拠点区域の避難指示が解除された。

多くの人の努力により、着実に進む「復興」。しかし、解除後も人口が戻らず、十分な社会サービスが提供されないといった「課題」も残る。被災地には、そんな光と影の両面が絶えず存在している。

鈴木明夫さん（ニュー・リーダー[※1]）は、いわき市内で、母・祐子さん（支部副女性部長[※2]）、姉・橋詰光子さん（同）と理美容店「ヘア・クリエイティブ・ロダン」を営む。

一八年には、福島県では初となる移動式店舗「ロダンバス」のサービスも始めた。いわき市内の災害公営住宅、高齢者施設に赴《おもむ》くと、反響は想像以上だった。

1　男子部の役職。創価学会の組織構成については、二〇頁の組織機構図を参照（以下同）。

2　女性部の役職。かつての婦人部と女子部は二〇二一年五月に合併し、女性部となった。

「久しぶりにきれいになった」と頬を赤らめる高齢者。その様子を見た家族や施設職員からも感謝された。

諸店舗がまだ再開していなかった富岡町や大熊町など避難指示区域にも出動した。車内に広がる帰還住民たちの笑顔――そうした取り組みが評価され、二〇年、「日本復興の光大賞」（主催＝日本トルコ文化交流会）を受賞した。二〇年からのコロナ禍では一層、需要が高まった。二一年は、一カ月で四〇〇人余りが利用。

避難指示が解除された町で同業者が店を再開したと聞けば、喜んでロダンバスの顧客を紹介し、求められれば、訪問理美容のノウハウも教える。

ロダンバスは、亡き父・英治さんの夢だった。

〝困っている人のために〟という学会精神[※3]に生き抜いた父。電話で相談を受けると、営業を途中で中断して、友[※4]の元へ飛んでいくような人だった。

英治さんは、東日本大震災の発災時、県理容組合にも呼び掛け、避難所を回って無料シャンプーを実施。いつも皆から慕われ、葬儀には一〇〇〇人を超える参列者が集まった。

六十五歳での早すぎる別れ。「まだまだ、やりたいことがたくさんある」と語っていた。

3　鎌倉時代の僧・日蓮の教義を根本に、創価学会が学び、実践している精神。

4　聖教新聞では、創価学会員のことを「友」や「同志」と表記することがある。

「信心に生き抜いたおやじの夢が中途半端で終わってしまうなんて悔しかった。だから全部、俺が実現しようと決めたんです」

二〇年からは、首都圏の大学と連携し、インターンシップの学生の受け入れを開始。ロダンバスを活用した新たな事業モデルを大学生と模索し、理美容学校の学生に高齢者や障がい者への施術指導も始めた。

こうした人材育成もまた父の夢だった。「利他《りた》」に徹する行動が、未来を開く〝種《たね》〟を生む——父の信念を継《つ》ぐ鈴木さんは言い切る。

「今、福島には課題がいっぱいある。だけど、課題があるから、可能性しかない。父の遺志を実現したいと祈るうちに、そう思えるようになったんです」

吉田幸子さん（地区副女性部長[※5]〈グループ長[※6]兼任〉）は、浪江町役場の任期付き職員として採用され、二二年春で五年目を迎えた。

地元出身ではないが、町民と話す時は、すっかり浜通りの方言も板に付いてきた。

都内の病院で看護師長を務めていた時、「3・11」が。被災地の惨状に胸をえぐられ、悩み、祈り抜いた[※7]末に移住を決意。家族も背中を押してくれた。

町外避難者への保健指導や自殺防止対策、現在は、新型コロナワクチン接種の人的、物的資源の確保なども行う。

浪江町は、水素を利活用した新エネルギー社会への挑戦や駅前の再開発など、生活の利便性が増す一方で、住民の暮らしには課題が多い。

5　「地区」における女性部の役職。

6　女性部の役職。女性部には少人数の集いである「グループ」があり、その責任者。

7　「南無妙法蓮華経」の題目を唱えること（＝唱題）を「祈る」という。学会員は毎日、朝晩に御本尊（日蓮が顕した南無妙法蓮華経の文字曼荼羅）に向かい、法華経の方便品と寿量品を読み、唱題する（＝勤行）。方便品・寿量品の読誦は「助行」、南無妙法蓮華経と唱える唱題は「正行」とされ、「助行」は「正行」を補助する。

帰還というゴールの先に待ち受けていたふるさととの現実。葛藤《かっとう》を抱え込み、町内でも孤独死が発生した。

〝住民を孤立させない〟――吉田さんは日常から地域の人々との触れ合いを大切にしてきた。

移住当初から毎朝、二匹の犬と散歩し、出会う人へ声を掛けた。毎日、顔を合わせていると、自然と立ち話になり、顔を見れば、その人の体調や生活の変化に気付くように。

最近では「ついでに○○さんのどごに、行ってみでくんねえが?」と頼まれるようになり、吉田さんに会いたいと、わざわざ役場に訪ねてくる人も増えた。

しかし、時がたっても、急激に帰還が進むわけではなく、震災前と今の現実との差に苦しむ町民もいる。

吉田さんは信じる。「どんな状況でも、どこにいても、生命は歓喜することができる。私にとって、それを確認できる場が、学会活動※8なんです」

学会女性部の浪江グループの責任者として、メンバーの元へ足を運ぶ日々。二一年秋、町営住宅に高齢の女性部員が入居し、その一カ月後、隣室に同じく独り身の女性部員が越してきた。

二人は年齢が近いこともあり、意気投合。今では仲良く散歩に出掛けるようになり、デイサービスで出会った友人に仏法対話※9をしている。

8　会合参加や会員の激励、折伏（友人・知人に学会の信仰を勧めること）、教学の研さん（日蓮が遺した御書を学ぶこと）などの活動の総称。

9　友人・知人に仏法や創価学会の話をすること。

当初は数人だった浪江グループの座談会※10参加者も、現在では二〇人を超えるまでに。集《つど》った高齢の参加者が語る「学会に感謝、感謝だ」との言葉に、吉田さんはいつも勇気づけられ、前を向けるのだという。

復興の光と影を見つめながら、人と人とを結び、新しいふるさとをつくる吉田さんの挑戦は続く。

開湯一〇〇〇年余りの歴史を誇る福島市土湯《つちゆ》温泉町。この地で社会福祉法人を経営する傍《かたわ》ら、NPO法人「土湯温泉観光協会」の会長を務めるのが、加藤貴之さん（本部長※11）だ。

東日本大震災では、地震の直接的な被害に加え、原発事故による風評《ふうひょう》で、この地の五つの旅館が休廃業に。結果、温泉地としての規模や宿泊収容定員数が激減し、町の存続に関わる事態に追い込まれた。

「ですが」と加藤さんは語る。「震災が全ての原因というより、以前からの厳しさに追い打ちをかけたというのが事実です」

長引く経済の低迷から、国内のレジャーは「安近短（安くて、近い場所に、短期間だけ）」志向に。変化に対応できない地域は、徐々に活気を失っていった。

土湯も例外ではなく、空き家や空き旅館が増える中で「3・11」が起こった。

震災後、加藤さんは自ら会社を興し、廃業した旅館を改修して土湯初の日帰り温泉施設をオープン。地域としても震災が一つの契機となり、皆の総意で世代交代が進め

10　地区やブロックなどの単位で、月に一度開催され、各部の会員が一堂に集う会合。草創以来の創価学会の伝統である。

11　壮年部・女性部・男子部のそれぞれにある役職で、本部の責任者。ここでは壮年部の本部長のこと。

られてきた。

そして、加藤さんが観光協会の会長に就任。真っ先に取り組んだのが「地域の開放」だった。地域外の異業種の人とパートナーシップを結ぶオープン・プラットフォーム事業である「土湯アクション」を推進。地元だけではない〝ヨソモノ〟の力と知恵も結集した町づくりを進めた。

「〝震災でもコロナ禍でも、希望は必ずある！〟――この一点を何度も皆と確認し合ってきました」

どんなに仕事が忙しくとも、学会活動には一歩も引かず、総県青年部長※12まで務めた加藤さん。

「多くの人の意見をまとめる調整力や、事業やイベントなどの企画力、忍耐力など、全て学会活動で培《つちか》ったものです」

温泉熱や河川を活用した再生可能エネルギー発電所や、廃業店舗を利用したエビの釣り堀カフェなどの新たなブランドも生まれ、土湯では今、空き旅館が解消しつつあり、移住者も増えている。

そんな加藤さんの原点は、池田先生※13との出会い。

一九八四年五月、福島市内での会合の後、土湯の人々の元を訪れた先生は、当時小学生だった加藤さんと握手を交わし激励した。加藤さんは言う。

「土湯を発展させる。それが先生に誓った自分の使命なんです」

12　組織単位の一つである総県における青年部の責任者。
13　創価学会の池田大作第三代会長のこと。創価学会会憲では、牧口常三郎初代会長と戸田城聖第二代会長と並び、池田第三代会長を「永遠の師匠」と定め、三代の会長の敬称を「先生」とすることが定められている。

だからこそ、どんなことがあっても負けなかった。

今や、全国の自治体や企業団体から地域振興に関する講演依頼が後を絶《た》たない。観光の語源は「国の光を観ること」ともいわれる。

加藤さんの〝弟子の誓い※14〟から、こんこんと湧《わ》き出る知恵が、全国各地に〝光〟をともす。

今、福島に立ちはだかる社会課題は、いずれ日本のどの地でも直面する「普遍的な課題」とも重なる。

ならば、課題先進地・福島での挑戦は、やがて他地域をも照らす希望となるのではないか——。

今回、取材した「福島に生きる人々」は、未曾有《みぞう》の災害からの復興という〝正解〟が分からない曖昧《あいまい》さに耐え、現実にあらがいながら祈り抜き、今の自分にできることは何かを模索していた。

なぜ、彼らは悩みながらも周囲を励まし、福島を「希望のフロンティア（開拓地）」へ転じゆく挑戦を続けられるのか。

池田大作先生はつづっている。「人は　人を生かしながらでなければ／生きられない／友を生かすとき／ほかならぬ自分も　真に生きる！」

福島に生きる人々は、限界や課題をよく認識するがゆえに、人と関わり、その人間の輪の中から学び、そこから希望を紡ぎ出す。

14　池田第三代会長を師匠と定めた学会員が、自らを弟子と自覚して立てる誓いのこと。

「3・11」から一三年――復興に正解などないのかもしれない。しかし、人の中で生きる。SOKAの現場で生きる。それこそが、福島の友が見つめる〝福光[※15]の答え〟なのだろう。

＊

二〇二二年三月十六日二十三時三十六分頃、福島県沖を震源とする最大震度六強の地震が発生した。「スマホの地震警報が鳴る前に、揺れがドンと来て」。黒田照子さん（支部女性部長[※16]）は、即座に「3・11」のことが頭をよぎった。

支部のメンバーとは、すぐに通信アプリのLINEを活用して安否確認を。夜が明けると、一人暮らしの高齢者など内外問わず、知り合い宅を回った。「『あーでね、こーでね』と話が止まらなくて。顔を合わせて話すと、お互い、心細さが和《やわ》らぐというか、混乱していた気持ちが整理されるような感じで」

一三年前もそうだった。「何もなくても、集まってね。たわいもない話をしながら、皆で前を向く。それをずっと続けてきました」

広野町《ひろのまち》は震災後、どこよりも変化にさらされてきた町かもしれない。一一年九月末、いち早く避難指示が解除され、復興事業の従事者が広野に住んで、郡内の除染や復旧工事の現場へ通った。

黒田さんが町に戻ったのは、震災から一カ月後。一家で営《いとな》む旅館で、町内にある火力発電所で働く人たちに仕出し弁当を作ってほしいと頼まれた。まだ放射能への不安

15　東日本大震災発生から半年後の二〇一一年九月、池田第三代会長が創価学会の機関紙「聖教新聞」に連載していた小説「新・人間革命」で、東北を舞台にした章の執筆を開始し、その章題を「福光」とした。以来、東北を中心に会内では、「復興」を「福光」と言い換えることで前進の活力としてきた。

　同連載は全六四六九回を数え、池田第三代会長の同紙への「人間革命」の連載（全一五〇九回／のちに単行本化／全一二巻）と合わせた七九七八回は、日本の新聞小説の連載としては最長。

16　支部における女性部の責任者。

が拭《ぬぐ》えない頃。それでも広野のために何でもしようと思った。

避難指示が解除されても、震災前は一〇〇世帯以上いた支部の同志で戻ったのは、黒田さんや金澤金治さん（副県長※17）と妻・清子さん（総県女性部総主事※18）など、わずか五、六世帯。

当時、帰還する住民よりも、復興事業の従事者の方が多い状況。町で見掛けるのは、ヘルメットをかぶった作業服の男性ばかり。誰が誰かも分からない。金澤清子さんは言う。「町は知らない顔ばかりだし、どこかよそよそしい。一人でいると、みんな沈《しず》んじゃうから集まんないとダメだって」

そうして数人の〝協議会〟※19が開かれた。「協議することなんて何もないんですよ（笑）」と黒田さん。何もなくても集まり、話を聞き、しゃべった。それだけで、胸に染みる何かがあった。

先行きなど何も見えないその頃、小説『新・人間革命』※20で「福光《ふっこう》」の章の連載が始まった。小説の舞台は福島県。

「春を告げよう！　新生の春を告げよう！」との書き出しに、黒田照子さんは衝撃を受けた。「実は、広野町のキャッチフレーズが『東北に春を告げるまち』だったんです。これは、池田先生の広野への励ましなんだと思って、涙が出ました」

「春を告げよう！」――それが皆の合言葉になった。十月には震災後初の支部座談会※21を開催。ここから励まし運動が加速する。

17　分県における壮年部の役職。
18　総県における女性部の役職。
19　週に一度、原則として地区単位で、活動の内容を確認・決定する「地区協議会」が開催される。
20　⑮を参照。
21　支部で開催する座談会（⑩を参照）。

感動が上回る瞬間

金澤清子さんには、忘れられない出来事がある。自宅近くのコンビニの入り口前で、いつもしゃがんでスマートフォンをいじる作業服の若者がいた。

金澤さんは当時、町で作業服姿の人に会うと笑顔であいさつし、「どちらからいらっしゃったんですか」と声を掛けていた。中には素っ気ない態度を取る人もいたが、その若者は「北海道から来ました」と、明るく答えてくれた。

家族と離れ、食事はコンビニ弁当ばかり。金澤さんは彼の心情を察した。

「生きている限り、不安になったり、落ち込んだりすることは、誰にでもある。それは、地元民、新しく来た人、避難を続ける人も同じ。だから、励ましに〝制限〟はいらない。住む場所や立場、状況が異なったとしても、どんな人にも励ましが届くようにする。それが復興にとって何よりも大切だと思ったんです」

夫・金治さんと車に乗って、県外で避難を続ける人も訪ねた。誰かが広野に戻ってきたと聞けば、すぐに会いに。「支部員や友人の家に行くと、『照ちゃん（黒田さん）が来たよ』ってよく言われんだ。先越されたな、こりゃ負げでらんねえぞって」と金治さん。励ましが広がっていく。

山道博幸さん（支部長※22）は震災から五年ほど、隣のいわき市で暮らしていた。発災当時は、男子部の本部長。広野にも通い、地道に学会活動に打ち込んでいたが、

22　支部における壮年部の責任者。

「原発事故で強制的に移動させられて、どこか納得できない気持ちがずっとあった」。

地に足が着かず、落ち着かない心境が続く。迷いを振り払ってくれたのが、いわき市のある男子部員との絆《きずな》だった。断られても何度も会いに行き、懇談を重ね、二〇一四年の福島創価青年大会※23に一緒に参加した。

閉会後の彼の晴れやかな笑顔。「あの時は、ただただ、うれしかった。震災後、ずっと自分の気持ちにフタをしていたけれど、学会活動していけば、そんな負の気持ちを吹き飛ばすような〝感動〟を味わえる瞬間があるんだって、思いました」

それは、多くの広野支部の友の実感とも重なる。原発事故は、さまざまなものを制限し、人々の心を分断した。避難指示の解除など環境は変わっても、人それぞれ思うことは違った。その中でも、ふるさとへの思いは募《つの》るばかり。

山道さんは語る。「それぞれの事情、苦労があって、状況も変化します。帰還する人、移住する人、まだ決められない人。いろんな人がいるけれど、人それぞれの考えを尊重して、今いる場所で信心し切って※24いけば、必ず開けるからって、応援してきました」

「よそ者」の力で盛り上げる

震災から一三年、支部の陣容は六〇世帯を超えた。町の人口も震災前の九割程度まで戻ったが、復興の拠点は、避難指示が解除された郡内の各町村に移転し、広野町で

23　全国（方面や都道府県等ごと）で開催される青年部による大規模な会合。パフォーマンスやスピーチなどが行われる。ここでは福島県で開催されたものを指す。

24　信心をやり抜くこと。一つは課題が解決するまで題目を唱え抜くこと。もう一つは生涯、信心を持ち続けること。

作業服姿の人を見ることは少なくなった。

「震災前よりも、町の未来は暗いかな」と金澤金治さん。「けどね、広野支部は元気だよ」。それは、辻貴幸さん（男子部部長※25）の存在が大きい。

大手建設会社に勤める辻さんは、除染で取り除かれた土壌を一時保管する中間貯蔵施設の工事に従事するため、二〇一九年に広野町に来た。中間貯蔵施設は復興事業ではあるが、反対の声も根強い。地元の人たちに歓迎されないのではと「最初は不安がありました」。だが、広野支部の人たちは「昔から知っている子どものように受け入れてくれて」。

震災後、町では、誰とも分からない「よそ者」である復興従事者に対して、嫌悪感を示す町民もいた。

しかし、広野支部では「この一三年、いろんな人が来て、支部を盛り上げてくれました」と黒田さん。「南米のボリビアから来た人や、広野を経てアフリカのガーナに行った人もいます。皆、広野で広布※26の人材に育ち巣立っていきました」

支部には新たな伝統が生まれた。それは、町外から来た男子部員に座談会の御書講義※27を担当してもらうこと。しかし、「決して強制ではないんです」と辻さんは語る。

大学時代に母を亡くした辻さん。広野に来た当初、支部内の男子部員宅を訪問すると、「おなかすかしてない？」と、その家のお母さんが肉じゃがを出してくれた。支部の人たちは顔を見れば、「生活は大丈夫？」「ご飯食べてる？」と気遣ってくれる。

25　男子部の役職。支部における男子部の責任者。

26　「広宣流布」の略称。日蓮仏法および法華経を広く宣べて流布することを「広宣流布」と呼ぶ。

27　創価学会では、日蓮の著作や書状を「御書」と尊称し、根本の聖典として学んでいる。毎月の座談会では、通常、機関誌「大白蓮華」を参考に、担当者が御書を解説し、参加者の皆で学び合う。

「温かい思いが心に染みて、喜んでもらえるなら、何でもやりたいと思えた」と辻さん。

二一年六月、辻さんは福島文化会館[※28]で震災一〇年企画展示を観賞した。試練に負けなかった友の体験が紹介される中に金澤清子さんの写真パネルがあった。震災後、すい臓がんで生死をさまよい、それでも友のために「ずってもはっても〝負げでたまっか!〟」と復興に立ち向かった金澤さんの思いを、辻さんはそこで初めて知った。「広野に生きる意味を教えてもらいました。気付いたら、パネルの前で一人号泣していて」

辻さんは、その日から〝復興は自分の使命なんだ!〟との強い祈りに変わったという。そして、同年、人生初となる弘教《ぐきょう》[※29]が続けて二人に実った。入会したのは、同じく復興事業に携《たずさ》わる友。山道支部長が一緒に対話[※30]してくれた。最初は自分だけだった男子部の会合も、今では五人が集うように。

二〇年秋も長期の入院生活を送った金澤清子さんは、元気な男子部の活躍を見て、「私が辻君に〝励ましてもらいたい〟って素直に思います。希望ですよ」と。

広野が「魂のふるさと」に

広野支部では、「励ます側」と「励まされる側」が、すぐに入れ替わる。

友を励ます人、その奥には、その人を励ます人が何人もいて、励まされた人が立ち

28 福島県郡山市にある創価学会の会館。福島創価学会の中心拠点になっている。

29 教えを弘め、友人や知人を創価学会の信仰に導くこと。

30 ここでは「仏法対話」の略称として使われている。「仏法対話」については⑨を参照。

上がる姿に、皆が元気をもらう。そして、立ち上がった人がすぐに「励ます側」に回る。広野支部のつながりは、一方通行的な「線」ではない。双方向に重なり合う「網（ネット）」状に広がっている。

池田先生はつづっている。「生命と生命には、絶妙なる相互作用がある」「『他者のため』が『自分のため』にもなっていくからこそ、感謝と喜びがあります」

学会の励ましはギブ&テークではない。ギブ＝テークなのだ。金澤清子さんが語ってくれた。「ふるさとへの愛着も、もちろんあるよ。それに加えて、『ここで広宣流布※31するんだ』っていう同志※32がいて、励まし合える。だから、みんな、広野支部が大好きなのよ」

広野に戻った人も、戻らない人も、広野に来た人も、離れた人も、〝励まし合うネットワーク〟の重なりの中で、広野が魂《たましい》のふるさとになっていく。取材の最後に、辻さんは語っていた。「できれば、僕は長くここに残って、復興を見届けたいと思っています」

31　㉖を参照。
32　④を参照。

解説――開沼 博

足を運んでこそ

私は福島県いわき市で生まれ育ち、二〇〇六年からは福島の原子力発電所を研究対象としてきました。二〇一一年の東日本大震災以降は、福島第一原発周辺地域をはじめ、被災地の復興に多面的に携わっています。

福島を巡っては、復興の問題がステレオタイプ（紋切り型）化されて語られてきました。例えば、「福島＝放射線の被ばく」「福島＝避難」というように。もちろんそれが大事なテーマであることは否定しませんが、過剰なステレオタイプが福島の問題の全てであるかのように論じられてきてしまったことは、風評や差別・偏見の問題を根深いものとし続けています。

実際に地域を苦しめる課題は、高齢者の孤立や医療福祉体制の崩壊《ほうかい》など、どこにでも見られる細かく地味な問題であり、また、決して悲劇だけがそこに存在するわけでもない。福島をステレオタイプの中に押し込めながら何かを語ることは、状況が常に変化し続ける被災地にとって、本当に必要とされている議論とは大きな乖離《かいり》があるのは否《いな》めません。

ステレオタイプ化された「いかにも福島らしい問題」の背後には、一様にはくくれない問題の複雑さがある。それは、実際に足を運ばないと見えてきません。

二〇二二年二月二十六日、福島県内の各地を訪れ、創価学会員の方々を取材しました。

〈三三頁ルポを参照〉

私のような外部の者からすれば、学会にも、ステレオタイプで語られがちな側面があると感じていました。例えば、「学会＝折伏※33」「学会＝池田先生との師弟関係」というように。しかし実際に会員の方々と話してみると、価値観も生き方も、信仰体験も人それぞれ。固まっているように映っていた一つの組織が、常に変化し続ける多様な要素で構成される集団であることが理解できました。

お会いした一人の吉田幸子さんは、浪江町で熱心に学会の活動をしつつ、外部も含めて多様で複雑な立場の人々をつなぎ直す貴重な役割を果たしていました。

原発事故の影響で立ち入ることすらできなかった浪江町の、避難指示解除が始まったのは二〇一七年。

印象的だったのは、地元出身ではない吉田さんが町民の誰にでも気軽に声を掛けてきたということです。もちろん、冷ややかな対応をされたこともあったと思います。しかし吉田さんは、相手のことをよく知りたい、何か力になりたいという思いを行動に移し続けてきた。それは学会活動への思いと同じだとも言っていました。

33 仏教用語。創価学会の信仰について友人・知人に語り、入会を勧めること（⑨、㉙も参照）。

信仰に基づき、人を信頼し声を掛けていく。この態度が、周囲から信頼され、見知らぬ土地で前に進み続ける原動力になっているのだと感じました。

弱く柔らかなつながり

福島市にある土湯温泉の加藤貴之さんも、学会の内外に信頼を広げてこられました。震災やコロナ禍で観光業が打撃を受ける中、土湯では今、空き旅館が解消しつつあり、移住者も増えていると伺いました。

土湯は、常に新しいアイデアを打ち出し、対外的メッセージの発信にも力を入れる若々しく活発な印象のある温泉地です。同時に、学会員の方々の熱心な活動が、長年にわたって根付いてきた地域でもあります。加藤さんのように、地域の活性化と信仰との両面に熱心な若手リーダーがいる。逆境に、皆で結束して向き合う根本に信仰があり、地域の誰もが納得のいく形での合意形成にも、普段からの学会の活動がつながっている。信仰の実践と、地域コミュニティーとの接点がうかがえました。

いわき市では、私が子どもの頃に通っていた理美容店の現在の経営者で、小中学校の後輩でもある鈴木明夫さんと再会しました。

仕事においても信仰においても、鈴木さんは亡くなったお父さまの遺志を継いでいます。生まれる前から活動していたのではないかと思うほど、信仰が鈴木さんの血肉になっていると感じました。思春期でも信心と距離を置いたり、疑ったりしなかったという話も印象的でした。

世代間継承の困難はどんな領域でも起こっている課題ですが、信仰と理美容店の経営との両面でそれを乗り越えている。

鈴木さんは仕事などの目標をノートに記入し、毎日の勤行・唱題※34で祈念していると教えてくれました。また、決めた目標は座談会などの場で人に言うようにしている、とも。

ビジネスなどでも、目標を書き出し、定期的に振り返ることに効果があるといわれます。一般的にも広まっているそうした自己研さんが、信仰の実践の中で自然と行われているのを知ることができたのは新鮮でした。何より鈴木さんが、いかに日常生活と信仰が強く結び付いているのか具体的な例で話してくれたからこそ、説得力がありました。

双葉会館※35では、原発事故の後、復興事業の拠点になってきた広野町を中心に活動する、広野支部の皆さんにお話を伺いました。

ルポには、山道さんのこんな言葉がありました。

「それぞれの事情、苦労があって、状況も変化します。帰還する人、移住する人、まだ決められない人。いろんな人がいるけれど、人それぞれの考えを尊重して、今いる場所で信心し切っていけば、必ず開けるからって、応援してきました」

34　⑦を参照。
35　福島・富岡町にある創価学会の会館。東日本大震災による東京電力福島第一原発事故の影響で閉館を余儀なくされていたが、二〇一八年七月に再開した。

私自身、「帰還か移住か」という単純化された二項対立ではなく、「今は決められない」という立場を尊重することの大切さを訴えてきました。三つのどれを選んでも、問題なく生活が送れるようサポートしていくことが大切です。

山道さんの言葉は、安易な二項対立に陥《おちい》らずに、現場にあるリアリティーをすくい取っている。福島の問題に限りませんが、現代は安易な二項対立であふれています。敵か味方か。右か左か。敵でも味方でもなく、右でも左でもないような理解しにくいものを、見て見ぬふりをしてしまおうとする気分が加速している。そこで重要になるのは、「自分の見える世界」の外の世界を想像する視点を獲得した上で、再び自分の世界に向き合う力です。

山道さんは、二十代半ばまで信仰から遠ざかっていた時期があったものの、熱心な先輩の励ましで再び活動をするようになったそうです。仕事も忙しくなる二十代半ばで活動に力を入れるのは、なかなか大変だったでしょう。

学会の「強さ」の根源に何があるのか。その一つの答えが、山道さんのような人も包摂《ほうせつ》する仕組みを内包《ないほう》していることにあるというのは大きな発見でした。つまり、外部からは学会員といえば、皆活動に熱心で、視野が常に内部に向いて固定しているようなイメージもありますが、実際はそうではない。活動をしていなかったり、活動から離れたりする人もいる。ただ、そういう人でも人生のある瞬間にぱっと戻ってこられるような、弱く柔らかなつながりが存在し、激励が行き届く仕組みがある。

現代は、国家と個人の間にある「中間集団」が崩壊し、そのリスクにバラバラの個人がさらされている。これを社会学では個人化と言います。地縁・血縁、職場などが用意した中間集団は弱体化し、あるいは、残った中間集団は〝たこつぼ化〟して同調圧力が強く、一度出るのであれば、二度と戻ってこられないという感覚が強い。

その中で、学会がもつ弱く柔らかなつながりや柔軟性は、内部の人にとって安心できる、貴重な居場所になっているのでしょう。もちろん、多くの人に活動に参加してもらおうとする上で、会合に来ない人を大切にできないような不寛容《ふかんよう》な組織であれば、学会はここまで発展することもなかったと思います。改めてそう考えてみると、合点《がってん》がいきました。

変わらず続ける一貫性

震災後、広野支部で最初の座談会を開催したのは、二〇一一年の十月。伺ってみたところ、座談会を再開する以前にも、すでに個人同士で会い、激励や交流がなされていたとのことです。ではなぜ、あえて「座談会」という形で集まることを、皆が望んだのか。素朴《そぼく》な疑問でした。

「学会の伝統である座談会を開催することが、復興の一つの証《あか》し」
「特別な場所に行くのではなく、家族に会いたいから会うような感覚」
「一人一人に光を当てる座談会は、全員が主役」

支部の皆さんと話す中で、座談会は、集まること自体に目的があり、皆の居場所としての機能を果たしていることを、再確認することができました。

この取材に臨《のぞ》むに当たって、まずは戸田第二代会長※36が書かれた小説『人間革命』※37を読んだのですが、学会が草創期から、座談会を大事にしてきたことが分かります。当時から今に至るまで、集うことに価値を置いてきた学会の一貫性がよく分かります。

元気になりたい、仲良くなりたいというだけなら、飲み会のような懇親《こんしん》の場もその機能を果たすかもしれません。しかし、そういう場は個人化の中で失われ続けてきた。コロナ禍はそれを加速させています。

集まること自体に価値を見いだす座談会を、当たり前の活動として持っていることもまた、学会の強さの根源にある仕組みだと感じました。

取材を通して実感したのは、「ぼんやりと立てていた自分の仮説が、証明された」ということです。

本書の序章でも述べた通り、私は被災地で復興支援に携わる多くの団体が、その活動を継続していく中で、学会が長年、やってきた活動に似たことをやり始めていると考えていました。実際に学会員のお話を伺い、それが明らかになったという印象です。

訪問での激励、集うこと自体が目的となる場の定期開催。なかなか外に出る気持ちになれない人たちが、新しい日常に至れるように導いていくこと。それらはさまざまなNPOやボランティア団体が試行錯誤《しこうさくご》の中で、取り組むようになる方法の典型です。それを学会の皆さんは、以前から長くやってこられたのだなと改めて認識しました。

戦後社会の中で、営利企業や他の宗教団体も活動の維持・拡大を目指しつつも、その多くが時間の経過の中で弱り、淘汰《とうた》されてきた。しかし学会は、災害やコロナ禍をはじめとする社会の課題に直面するたびに、状況の変化に活動のあり方をカスタマイズさせ、進化してきた。この歴史的な一貫性こそが、創価学会の強さなのだと思います。

人生の総合大学

取材で訪れた会館では、創価大学※38通信教育部のポスターが貼ってあったのが印象的でした。日々出入りする会館に、常に大学での学びにアクセスできるような受け皿が、目に見えて用意されている。仏法について学ぶ仕組みがあるのは当然として、その外の広い知の世界にも、学びを広げていく仕組みがある。

創価学会は〝人生の総合大学※39〟という表現もあるそうですが、どんな組織も時間経過の中で、ともすれば閉鎖的・守旧的になるところを、学会はその構成員が時代の流れの中で変化し続ける柔軟性を、草の根的な学びの中で確保する文化を持っていると思いました。学会員の中には、高齢になってから通信教育を受けるような方も少なくないということです

36 ⑬を参照。
37 戸田第二代会長の小説。聖教新聞紙上に連載され、のちに単行本化した。同名の小説を池田第三代会長も執筆している。⑮を参照。
38 池田第三代会長によって東京・八王子市に一九七一年に創立された私立大学。
39 戸田第二代会長が語った「創価学会は、校舎なき総合大学である」との言葉が由来。

が、今、大学業界では、これまでのように二十歳前後の若者だけを学生とするのではなく、三十、四十代でキャリアチェンジをしようとする人、五十、六十代で人生経験をもとに、より深く学び直そうとする人などにも意識的に門戸《もんこ》を広げようとしています。これはリカレント（循環）教育などとも呼ばれますが、そういう最近の動きよりも前から、学会にはリカレントな学びの文化があったと見ることもできるでしょう。

同時に、学びを一人ではなく集団で進める文化も垣間《かいま》見える。例えば「御書講義」。必ずしも詳しい人がやるのではなく、時にあえて若い人に任《まか》せてみたりもする。その中で自分に無い視点を吸収し合い理解を深める。これは大学のゼミナールにも近い。教科書の知識の詰め込みではなく、人生や社会に必要な教養を得るためには、他者との学び合いが大切です。

ただ、急に学び合おうと思っても、普通は簡単ではないわけです。私は今、防災ゲームを開発していますが、それは防災について学び合う文化をつくるためです。知らない人同士でも、ゲーム形式のワークショップ（体験型講座）を行うことで、防災について一つの目標を目指して結束し、目標を達成できたという感覚を経験できるようにする。それが、草の根的な防災意識を底上げしていく点に狙《ねら》いがあります。

学会では御書講義に限らず、社会問題や政治について学ぶことも含めて、このゼミやワークショップ型の学びに似たものを、長年やってきたわけですね。目標を立てて、結束して、それを達成していくというサイクルを回し続けてきた。それが組織の活性化、持続性につながっている。

こうして目標を立て、皆でそれを目指す機会というのは、学校や会社組織などを離れてしまえば、なかなかないのが現実です。しかし学会では、教学※40を学び、その成果を発表し、あるいは活動を通して悩みを乗り越えていく中で、それら全てが自己研さんになっている。長年かけて洗練された、人間育成の仕組みがここにあるわけですね。

「かきまぜる」機能

役割を「与える」ことと「担《にな》う」こと。これも学会の特徴であると、現場に足を運んで実感しました。

さまざまな階層で組織の役職に就くこともその一つですが、自分がいる地域で、自分にしかできない役割を見いだすことを善とする価値観も印象的でした。

例えば、吉田幸子さんは町役場の職員として浪江町に移住し、辻貴幸さんは、除染で取り除かれた土壌を一時保管する中間貯蔵施設の工事関係者として広野町に来ました。二人とも、地域の実態を学びながら、そこを自分の居場所に変え、自分ができる役割を見つけ出していた。役割が人をつくり、集団を育てるというのは、組織論からしても的《まと》を射《い》ているといえます。

また学会では、普通は出会わないような人同士の関係性が、世代を超えて生まれています。最近、地域活性化を巡る議論では地方を「かき混ぜることが大事」というような表現をします

40　日蓮仏法（㉗を参照）を学ぶこと。

広野支部の人たちを取材。一番奥が開沼氏　©Seikyo Shimbun

が、裏を返せば、社会がどんどん〝かき混ぜらなく〟なっているということです。これを社会学では「機能分化」と言います。

職種で分かれたり、ある趣味が共通する人同士で集まったりする方が、経済などは効率よく回る側面がある。しかしそれは、社会の硬直化《こうちょくか》も招《まね》きます。

学会の活動に埋め込まれた「かき混ぜる」仕組みは、この社会の硬直化に、ある意味で抗《あらが》っているといえるでしょう。社会の大部分が年代や職種によって線引きされ、さらに被災地では、復興の状況の差異による「気持ちの壁」が、境界線となって引かれている。線によって区切られた人同士は、たいていは出会わない時代に、学会は逆行しているわけですね。

いわき市で理美容店を営む鈴木明夫さんは、都会に出た時、学会の活動が、普段は会わないような立場の人に出会う場になったと言っていました。世間とは逆行するこの希少性に魅力を感じる人が出たり、そこから新しい何かが生まれたりする可能性が開かれているといってもよいでしょう。

役割を見いだす

創価学会員の「価値創造※41の原動力」の探究は、始まったばかりです。知らないことや、外部の目線からは理解しがたいことがまだまだ多くありますし、次回以降の学びの機会を楽しみにしています。

福島での取材を終え、一つまとめを述べるのであれば、今回お話を伺ったどの学会員も、「困難への向き合い方が上手だ」ということでしょうか。役割を見つけたり与えたりすることがそれを支えている。

つらい状況にあっても、学会員は、置かれた環境、今いる場所で、自分にできる役割を見いだし、それに喜びを感じようとしていく。そうした実践が各個人に根付き、集団としてもそれを支えていける体制がつくられている。

時と場所が変われば、役割もまた変わります。そのたびに、学会員は新たな自分の役割を見

41　「創価」の由来となった言葉。「人々が願ってやまない、『生命の尊厳』の哲理に立脚した、人類の幸福と世界平和の実現という究極の価値を創造しゆくこと」が創価学会の根本目的とされている。

つけ、行動に移していく。

現代社会において、自分の役割を見失い、生きる意欲を無くしたり、役割をもって活躍する人を疎《うと》んで、自らの承認欲求を満たせずに他者の足を引っ張ったりしてしまう人の存在は、大きな社会課題だといえます。その点、学会には、役割を自ら見いだす力をつける場としての機能が備わっているようにも見えます。

東日本大震災によって、そうした学会員の強さが改めて浮き彫りになったのだと、福島での取材を通して実感しました。

第2章

団地を支える「調和」の生き方

――広島・尼崎

ルポ

団地に生きる——地域に広げる「共助」の輪

原爆《げんばく》ドームのほど近く、広島城の真向かいに、白く際立《きわだ》つ住宅群がある。一九七八年に完成した広島市営基町《もとまち》高層アパート。隣接する中層住宅と共に、基町団地とも称される。

団地が並ぶ川沿いでは、豊かに緑が茂り、市民が思い思いに過ごす。現在の平穏《へいおん》な光景からは想像もつかないが、この地域はかつて〝原爆スラム〟と呼ばれ、バラック小屋が立ち並んでいた。

広島への原爆投下によって、辺りは一瞬にして廃墟《はいきょ》と化した。行く当てのない人々は、がれきから材料をかき集めて雨露《あめつゆ》をしのいだ。

当時を知る松浦悦子さん（女性部副本部長※42）が振り返る。

「戦後の街は活気にあふれとったけど、みんなもがいとった。どうにも生きていけん人が逃げ込んできたのが〝原爆スラム〟じゃったけん」

松浦さんは七歳の時、行方不明の伯父を捜すため、原爆投下直後の爆心地付近へ。二次被爆《ひばく》による体の変調に苦しんできた。「放射能はうつる」「体が弱く就職は無理」「結婚しても子どもは産めん」との噂に、「私はいつ〝原爆症〟が出るのか」と恐怖に

42　本部における女性部の役職。

苛《さいな》まれた。

未来への希望が持てない中、姉が結核となり余命数カ月の宣告を受ける。母に連れられ、姉と一緒に創価学会に入会。懸命な唱題の中で治療薬が功《こう》を奏《そう》し、姉は一カ月で外出できるまでに。弘教《ぐきょう》に飛び回り、いつも笑顔で帰宅する姉の姿に、松浦さんは「原爆症の不安も消えるんじゃなかろうかって、私も基町を折伏で歩き回りました」と述懐する。

被爆者への差別や偏見に加え、当時、二重の苦しみにさらされていたのが在日コリアンの人々であった。

被爆したことだけでなく、出身も隠さなければ、仕事も将来もなかった。

高橋啓子さん（地区副女性部長）には、自分の子どもが幼い頃に「朝鮮と遊ぶな」と後ろ指をさされた記憶が残る。

「私も小学生の時にいじめに遭《あ》いました。強くなければ生きていけなかった」

そんな基町の一角で、老若男女、誰に対しても分け隔《へだ》てない、とびきり明るい集《つど》いがあった。

学会の座談会である。

どこに暮らそうが、どこの出身だろうが関係ない。そこにはただ、〝一緒に幸せになっていこう〟との情熱があふれていた。

基町に高層住宅が立ち、原爆スラムが姿を消したのは一九七八年。バラックから移り住んだ人々は、モダンで先進的な住居に胸を躍らせた。高層アパートは日照や通風、プライバシー等が考慮され、「く」の字形に連結。屋上は連続したオープンスペースとなり、団地内には小学校や幼稚園、ショッピングセンターなども配置されている。

再開発事業の完成記念碑《ひ》には、「この地区の改良なくして広島の戦後は終わらない」と刻まれている。だが、新しい暮らしに沸《わ》く住民の一方で、「建物は変わっても、住んどるもんの苦しみは何も変わっちゃおらん。朝起きてみたら、わしゃまだ生きとる」と、嘆《なげ》きに沈《しず》んだままの人もいた。

それを知る基町の学会員は、広布へいよいよの決意を固めていた。「この人たちが幸せと言えない限り、戦後は終わらない」と。

その中心の一人が、崔《チェ》さん（故人）という在日の婦人だった。

胸襟を開いて垣根を取り払う

一九七五年十一月、基町団地のそばにある県立体育館（現在の広島グリーンアリーナ）で本部総会※43が開かれた。

池田先生は、人類の根本的な原点に立って、人と人との垣根《かきね》を取り払う、胸襟《きょうきん》を開いた対話をと訴えた。

「皆さん方、一人一人が創価学会そのものであり、それ以外には、創価学会の実体

43　全国単位の会合。当時は月に一度、時には地方で開催されていた。現在は本部幹部会（本幹）の名称で年に数回開催されている。

はありえないと確信していただきたい。また、一人一人に、それだけの尊い使命と資格があると説いているのが、日蓮大聖人※44の仏法であります」

人間の尊厳《そんげん》を守り、輝かせていくため、身の周りの人たちとの絆《きずな》を大切に――と呼び掛けたのである。

この池田先生の思いを、真っすぐに受け止めたのが崔さんだった。

被爆した影響か、ずっと体が弱かった。学校でも近所でも仲間外れにされ、バラックを飛び出した。妹を〝原爆症〟で亡くし、兄は自ら死を選んだ。

信心を知り、崔さんは「ウチでも人並みに生きられるかもしれん」と立ち上がる。「よーし。題目あげて革命しよう」「基町広布は私がやるんじゃ」が口癖《くちぐせ》だった。その確信が、苦悩に沈んだ人たちに希望の灯をともしていく。

非行に走る若者十数人を「メシさえあればワルにはならん」と世話し、皆が心を入れ替え、そろって学会に入会したこともある。

「ダメでもともと。人間は変わっていくんだから、今日はダメでも、いつかは分かってくれる」――いつも周囲を元気づける崔さんは、やがて棟の自治会長に推《お》され、住民の心のよりどころとなっていった。

同じ在日の高橋さんは、差別や生活苦だけでなく、親族内の不和にも苦しんでいた。人生を終わらせようとしたのも一度や二度ではない。だが、どんなに状況が厳しくとも「題目をあげると、それでも周囲を幸せにしたいという気持ちになった」とい

44　創価学会では日蓮を尊称して「日蓮大聖人」と呼ぶ。

う。その境遇を知る人は、彼女が生き抜けたことに驚きを隠せない。

「人生のどん底でしたけど、どんとした実証を見せないと、信心のすごさが伝わらないですから」と、微笑《ほほえ》みを絶やさない高橋さん。今、棟の組長として汗を流す日々だ。

団地に入居した当初、家庭内の問題で悩んでいた阿部昌子《まさこ》さん（地区副女性部長）。学会の先輩に相談するたび、「環境のせいにしてはいけないよ」「題目をあげよう」と、厳しくも温かく諭《さと》された。

ふに落ちないながらも唱題に励むと、冷静になれ、自分が変わろうと思えた。いつしか問題は解決し、地域に尽くす崔さんの背中を追うように。団地の衛生部長と会計を担《にな》い、老人会の副会長を務める。

入居する住民に「ウチは学会なんよ。なんでも相談してちょうだい」と、気さくに話し掛ける。部屋は同じ間取りで、困りごとも手に取るように分かる。

高齢の単身者が多い団地では、阿部さんの「何に困っとるん？」という温かな声が命綱《いのちづな》という人も多い。

住民の信頼も厚く、その人柄を慕い、二〇二一年、二二年と学会に入会する人が続く。団地内だけでも、これまで一九世帯の家族が阿部さんの折伏で信心を始めた。

「隣近所には苦手な人もおる。じゃけどね、そうした人とも親しくする。こちらが心を開いた分、必ずあちらも開いてくれるんよ」

以前は荒れ放題だったという棟の屋上を、市の許可を得て庭園に整備。四季折々の花を育て、住民にプレゼントしてきた。

花を渡しがてら、孤立することのないよう声を掛ける。現在、屋上庭園は団地全体に広がっている。

急激な高齢化　絶えない課題

日本全体の高齢化が進む中で、団地にも急激な高齢化の波が押し寄せる。

基町団地でも、高齢化や外国人住民の増加に伴う課題は絶えない。団地の高齢化率は四六％で、市平均の二四％の倍近い数字である。

二〇棟からなる基町団地で外国人との共生の模範となっているのが、藤井イツ子さん〈副班担当員〈副白ゆり長※45〉〉が自治会長を務める棟である。

二〇二一年で二一年目。二〇ある自治会の中で、最も長く自治会長として貢献してきた。

朝早くから清掃や体操の運営に奔走。住民は藤井さんの在宅時を見計《みはか》らって、「もう題目終わった？」と相談にやって来る。

家のポストには、毎日のようにお礼のメモが。一枚見せてもらうと、名前は書かれておらず、かえって絆の強さを物語る。「内容とか筆跡《ひっせき》で、あの人かなって分かりますよ」

45　ブロックにおける女性部の役職。

外国人住民との間で、トラブルになるのが〝ゴミ問題〟。言葉や文化の違いが誤解につながる。

藤井さんは外国人の家庭とも仲良く交流を続け、時に温かく、時に毅然《きぜん》と対応し、深い信頼を得ている。

「おかげさまでたくさんの人が支えてくれて。毎日があっという間です」と、充実感をにじませる。

現在、団地の役員を務める学会員は三三人を数える。

基町団地の完成当初から世話役として尽くし、連合自治会の中心者である徳弘親利さん（基町地区社会福祉協議会会長）は語る。

「基町は学会員さんが運営しとるんじゃないか、というくらい一生懸命やっとる。自治会も社会福祉も民生委員も、ほとんどの活動を助けてもろうとる」

「原爆の時からここに住んどった人とか、他から公募で入ってきた人とか、いろんな背景を持つ人が暮らす基町を一つにするというのは難しいし、すごく行動力がいるけん。じゃけん、学会員は訓練されとるから安心して任せられる」と、感謝を惜《お》しまない。

団地の中央にあり、住民同士の憩《いこ》いの場であるふれあいサロン「ほのぼの基町」は、全国から視察に来るモデル的存在。そこでも多くの学会員が携《たずさ》わっている。

住民と接する中で、少しでも異変を感じれば、すぐに地域包括センターへつなぐ。

昔は自死や孤独死もあったが、今はほぼ聞かない。地区の活性化計画に基づき、若年世帯やUターン・Iターン住民も増加中だ。

「徐々にですが若い世代も増えてきています」。そう語るのは松島円《まどか》さん〈副班担当員〈同〉〉。二〇〇四年、結婚と同時に学会に入会し、団地に入居した。

基町小学校では、PTA会長として奮闘。「以前より子どもの数は少ないですけど、その分、みんなが親密で、仲が良い。外国の子たちとも、楽しく付き合えて。団地にちょっとずつ活気が出ています」

平和は足元から始まる

バラックの時代から基町を知る松浦さんは、草創からの聖教新聞の通信員※46でもある。二〇二二年五月で六四年目。基町の移り変わりを見続けてきた。

「信心しとらんかったら人生も家族も崩壊《ほうかい》しとった人ばかり。悲惨のどん底におったから、どんな人も幸せにしたいという、一途《いちず》な思いにあふれとる」

座談会では、病苦や生活苦に歯を食いしばる様子が語り合われてきた。互いの苦闘に涙し、勇気をもらう中、その日を生きるので精一杯だったはずの〝宿命〟を、基町の団地部員は、縁する人と共に立ち上がる〝使命〟に変えてきた。

かつて池田先生は、広島の通信員に被爆者がいることを知り、「大思想は原爆を恐れじ」とつづり、松浦さんに贈っている。

46　聖教新聞社には、所属の記者のほかに全国各地に学会員の通信員がおり、取材や記事の作成などを行っている。

「平和といっても身近な人に声を掛け、寄り添うことから始まります。そうでなければ確かな根を張れません」。そう話す松浦さんは、小中学校や平和記念公園で被爆体験の語り部《べ》を続けるとともに、足元から一対一の対話に徹してきた。

長男の義弘さん（班長〈ブロック長〉※47）は、二〇二一年四月から自治会長に。〝平和は私から、近隣から〟の心が次代に継《つ》がれていく。

団地部※48結成の歴史がつづられた小説『新・人間革命』第24巻「灯台」の章の中で、池田先生は記している。

「学会員のなかには、かつては、社会の底辺で宿命に泣き、来る日も来る日も、ため息まじりに生きてきた人たちも少なくない。その庶民が、決然と頭を上げて、あの地、この地で、社会建設の主役となって、表舞台に躍り出たのだ。そこに、創価学会が成し遂げてきた民衆教育の、刮目《かつもく》すべき偉大な功績がある」

被爆の苦しみ、過酷な差別——筆舌《ひつぜつ》に尽くせぬ宿命を使命に変えてきた基町の友は、高齢化や外国人との共生における課題に対しても、地域の要《かなめ》の存在として安心を広げている。

直面する問題が変わろうとも、不屈の信心を胸に、人々と共にあり続け、不安を上回る希望を生み出していく。ここに、いかなる状況からも価値を創造していく、学会の真骨頂《しんこっちょう》がある。

*

47　ブロックにおける壮年部の責任者。

48　集合住宅に住む学会員で組織された部で「地域本部」のなかに位置付けられる。二〇二三年九月、「団地部」は「幸福城部」に名称変更された。地域本部のなかにはほかに地域部、勝利島部（旧離島部）、農漁光部（旧農漁村部）がある。

「われながら〝日本最強〟やと思うわ！」――地区女性部長の山本久子さんに、兵庫・尼崎《あまがさき》の学会活動について聞くと、こう即答された。

山本さんが所属する青春地区は、尼崎水堂《みずどう》高層住宅の全二棟からなる。早速、記者は、そんな〝最強〟の団地の地区協議会※49にお邪魔した。

会場に着くと、すでに二〇人近い参加者が集まっていた。

「あれ、小バエが飛んでるやん」と、家主が取り出したのは、特大の虫取り網。「そこは、ハエたたきやろ！」とのツッコミに爆笑が巻き起こる。

「女性部さんが多いやろ？　尼（女性）が崎（先）やから、お母ちゃんが強いんよ。ハッハッハ！」

そう語る山本さんは、父を亡くした後、団地に住んでいた母と暮らすため、二〇〇八年に入居した。

団地は、一九九八年に震災復興住宅として建設された。当初、被災した高齢者が優先的に入居できたため、二四年たった今では八十代以上の単身世帯がほとんど。

七十一歳の山本さんは「私でも若手やで（笑）」。

五年前に母をみとり、今は一人暮らしの山本さんだが、一人になる時間は、ほとんどない。毎日午前六時半から近くの河川敷で、二〇〇人ほどが集まってラジオ体操を。終了後は喫茶店でモーニング。ここでも近所の人が集まり「よろず相談」が始まる。

49　⑲を参照。

八時に家に戻っても、学会員や団地の住人がひっきりなしに訪ねてくる。「ピンポンが鳴るから、おちおち昼寝もできひん。一日中しゃべりっぱなしやから、ボケが防止できてるかな」

そんな山本さんは学会活動の話になると、さらに熱気を増す。

「女子部※50（当時）で活動し始めた時、キラキラしてる先輩に憧《あこが》れてな。まるで宝塚（歌劇団）の女優さんみたいやった。私も先輩たちと同じように、池田先生と共に生き抜こうって決めた」

折伏や聖教新聞の購読推進など、毎日、全てに全力投球。「尼崎はスローガンが、いっぱいあんねん。『一〇人の味方、一〇〇人の応援団』って言って、常に一〇〇人には対話してるわ。学会活動は『すっきり、はっきり、思いっきり』ってな」

なぜ、そこまで熱いのか。「尼崎は勝利が使命。絶対に勝つ。その絶対の〝確信〟。夫を介護した末にみとって、自分も乳がんになって。全部、信心で乗り越えてきた。今は、とにかく『団地がもっと良くなりますように』と祈って、何でもお世話してます」

青春地区では取材当時の二〇二二年、年初から五月の間だけで三人の友に弘教が実っている。

冒頭の地区協議会では、「こちらが団地の〝長老〟です」と、二人の女性部員を紹介してもらった。楠部《くすべ》美津子さん（女性部副本部長）と鮫島《さめじま》カズさん（支部副女性部長）

50　就学を終えてから婦人部に所属するまでの間、女性が所属するセクション。日本では、二〇二一年に「婦人部」と合併し、現在の「女性部」となった。

だ。

二人を中心に「あんた、いくつになった?」「もう年のことは、ええやん!」と漫談が始まる。団地が完成した年に入居した二人から、地域の学会活動は始まった。

楠部さんは震災で自宅が全壊し、数年間、仮設住宅で暮らした。

「当初の住人たちは震災で打ちのめされた人ばかりやった。みんな高齢者で、男性はお酒を飲んで憂《う》さ晴《ば》らし、女性は引きこもって」

幸福への船長、機関長たれ

そんな中で、団地内に学会の地区が結成される。「『青春地区』って名付けられて。うれしくて、とにかく走り回りましたよ」

最初は団地内の問題も多く、救急車や警察車両が頻繁《ひんぱん》に来ていた。楠部さんは、相手が学会員であろうとなかろうと「声を掛ける」ことから始めた。仮設住宅で自治会長をしていた経験から、団地の自治組織の立ち上げにも携わった。

「団地の住人を全員覚えようって、寝る前に上の階から順に名前を暗記して。困っている人がいれば、相談にのった」

楠部さんは、地域の「幸福責任者」になろうと、御本尊※51に祈ってきたという。

「私にあるのは学会の役職だけやけど、団地全体の責任を担う気概《きがい》でやってきた」

かつて池田先生は、団地部の友に〝幸福への船長、機関長たれ〟との指針を贈っ

51 創価学会では日蓮が顕した南無妙法蓮華経の文字曼荼羅を本尊とし、各地の会館や、会員一人一人の自宅に安置されている。

た。小説『新・人間革命』には団地部への期待がつづられている。

「異なった生活を営《いとな》む多様な人びとが、一つの団地という世界で、共に生きる。まさに団地は、『小さな合衆国』といえる。その団地の人びとを、友情と信頼の固い絆で結び、人間共和の礎《いしずえ》をつくらねばならない」（第24巻「灯台」の章）

いつしか、水堂の団地に警察車両が来ることも少なくなった。しかし、「今じゃ毎日来るのは介護の車やね」と楠部さん。

一人暮らしの人の家に行くと、「一週間ぶりに人と話したわ」と言われる。「韓国ドラマばっかり見てるから、日本語忘れそうやわ」とも。高齢化が顕著な団地では、孤独や孤立は身近な問題だ。

楠部さんは言う。「私ら高齢者は、今日できていたことが、明日にはできなくなる。だから、今日が勝負！　かわいがられる、おばあちゃんにならんとね。老いを受け入れながら、私にしかできないことをやらしてもらってます」

地区協議会の開会前、小バエを相手に虫取り網を取り出した、谷山咲子さん（女性部副本部長）。普段は、ヘルパーとして介護の現場で働いており、団地内でも高齢者の困り事などで、頼られることが多い。

五年前に入居した谷山さんは、たとえ無視されても、団地内で人と会ったら必ずあいさつするという。

「相手がどうかではなく、変わらない態度で接する。困ってる人が目の前にいたら、『ほっとかれへん』。頭で考えるより先に、体が動く。人間って、一人じゃ生きられへんし、制度やルールだけやったら、本当に冷たい世界になる」

そういえば、〝長老〟の一人である鮫島さんも、台風の影響でエレベーターが止まっていた時に、団地の下で騒ぎがあり、気付いたら九階の自室から一階まで駆け降りていた。「足が悪いから、階段は上られへんのです。それやのに、後先考えずに下りてました（笑）」

まるで〝ミツバチの巣〟のように

もちろん、多様な人々が集まる団地内のつながりは、心地よいものだけではない。楠部さんは「時には忍耐。まさに仏道修行ですよ」と。

団地で生きることは、まるで〝ミツバチの巣〟のように、多くの人々と〝共に暮らす〟ことでもある。多様な人と関われば、時には、分かり合えない人もいる。

それでも学会員は、思わず体が反応するように、地道に一人ずつ、思いやりのネットワークを広げてきた。

二〇二一年五月に入居した小薮《こやぶ》知世さん（女性部員）は、この団地に来てから学会活動を始めるようになった。

「最初は行きづらかったけど、皆さん気さくで明るくて。いつも『ともよちゃん！』って気に掛けてくれて」

シングルマザーとして二人の子を育てる小薮さんは、母親以上に年齢が離れた団地の学会員と触れ合うと、「元気をもらえる」という。

「皆さんめっちゃパワフルやから、自分も頑張ろうって自然と思えるんです。しょっちゅう顔を見に来てくれるし、子どもの受験合格の時にはお祝いもしてくれて」

子どもの頃は、いつも母に連れられ、学会活動に参加していた小薮さん。「信心はずっと自分の根っこにあって、それを団地の人たちに思い出させてもらった。何も返せないけど、皆さんについていこうと思っています」。


地区協議会の最後に……


終始、爆笑に包まれた青春地区の協議会はいよいよ大詰め。

それまで一言も発せず、黙っていた地区部長の藤田悦男さんが「最後のあいさつ」を求められた。

「えっ、俺も話すんの?」――「当たり前やん!」「他に誰が締めんの?」。矢継ぎ早にツッコまれる藤田地区部長。

「えーと……。昨日の朝は、新入会の◯◯さんと一緒に勤行して、昼からは友人と会いまして……」――「さすが、地区の黄金柱※52!」「さあ、今週もみんなで頑張りましょう!」。結局、山本地区女性部長の一言で協議会は終了した。

52 池田第三代会長が幾度となく、壮年部員に対して「黄金柱」と呼び掛けて励ましてきた。

53 仏教用語。法華経見宝塔品第11で、釈尊が三度にわたり国土を浄化したこと。

54 仏教用語。衆生が住む場所のこと。「衆生」とは、広義には一切の有情（感情・意識をもつもの）。狭義には、無明や煩悩をもって迷いの世界に住む人。

55 仏教用語。法華経で、釈尊の呼び掛けに応えて、娑婆（仏教用語：煩悩から脱することができない衆生が苦しみに堪えて生きているところ）世界の大地を破って下方の虚空から涌き出てきた笑いと熱気の中で、一人また一人とつながりを結ぶたびに、「地域が変わっていくのを実感するんです」と山本さん。

池田先生は、自分の一念の転換が、国土の宿命をも転換していく「三変土田※53」の法理を引いて、つづっている。

「この私たちが、〝断じて、国土※54の宿命を転換するのだ！〟と、決然と立ち上がり、地涌の菩薩※55の底力を発揮していくならば、三世十方※56の仏菩薩※57にも勝る力が涌現《ゆげん》します。しかも、その地域に、地涌の同志※58が陸続と誕生し、生命の宝塔《ほうとう》※59が林立《りんりつ》していくならば、国土が変わらぬわけがありません」

以前、地区で一一世帯の弘教を実らせた後、「こんな近くに会館（尼崎平和講堂）の建設が決まったんです」（楠部さん）。

そこに住む一人一人の生命の変革によって、地域はより良くなる。団地で出会った学会員は、今日も地域に笑顔を広げている。

無数の菩薩たち。釈尊から、釈尊滅後の法華経の弘通を、主体者として託された。池田第三代会長は学会員を「地涌の菩薩」と呼び掛け、励ましてきた。

56　仏教用語。過去・現在・未来の「三世」と、あらゆる方角を指す「十方」で、時間的・空間的な全て。

57　仏教用語。仏と菩薩のこと。

58　池田第三代会長が「地涌の菩薩」と同義で使った言葉。(55)を参照

59　仏教用語。宝物で飾られた塔。法華経見宝塔品第11で、釈尊の法華経の説法が真実であると証明するため、多宝如来が中に座る宝塔が大地から出現する。この宝塔は、嘱累品第22まで虚空に浮かんでいた。

解説——開沼 博

問題解決は内側から

戦後社会の急速な近代化と変化、人口移動の光と影が凝縮《ぎょうしゅく》される場。それが「団地」です。

高度経済成長期から平成初期までの人口増加社会において、団地は、さまざまな理由で新たな生活を始めようとする人たちの、受け皿になってきました。そこは、かつては出会わなかった人々が交差する場であり、さまざまなエネルギーや葛藤《かっとう》が生まれる場でもありました。

一方、現代においては、都市開発の進展、交通手段の発達や人口減少社会の到来などもあり、住宅事情が大きく変化しています。ワンルームアパートやサービス付き高齢者向け住宅などに住む人も増えました。かつて人口が爆発的に増える中、家族が集住する場を想定してつくられた団地の社会的役割は大きく変化しています。

しかし、いかなる居住形態にあろうとも、人が集い暮らす上では、共助《きょうじょ》の力やセーフティーネット（安全網）は不可欠です。なかんずく団地にあっては、居住者の高齢化や孤立化など、現代社会の課題が凝縮されているはず。高齢化・孤立化自体は、全国どこにでもある課題です。その解決のため、近年は〝若者を巻き込んで活性化しよう〟〝アートで元気に！〟などと表《おもて》に掲《かか》げた実験的な取り組みが、各地で見られもします。

ただ、全国に遍在《へんざい》する団地には、そのような外から持ち込んだ対症療法では、解決できない根深い問題があるのではないか。その地でずっと暮らしてきた人たちが、〝内側から〟地域を変えていかなければ、その問題は解決できないのではないか。

そうした状況を前に、学会員はどのような形で、団地の中で「共助の力」を発揮し、人々の「セーフティーネット」となっているのか――。

こうした点に着目しながら、広島と尼崎の団地を訪れました。〈五〇頁ルポを参照〉

皆にとっての良き隣人

広島市の基町団地で最初にお会いしたのは、連合自治会の中心者である徳弘親利さん（基町地区社会福祉協議会会長）でした。

一九七八年の基町団地完成当初から、世話役として尽くしてきた徳弘さんは、地域づくりの中で、「遠くの親戚より近くの他人」ということを心掛けてきたと言います。この言葉は、都市化が進む中で「近くに親類がいる」という前提が弱体化した、現代社会のあり方を端的に示しています。

かつてのように、親戚同士が近くに住み、支え合う時代ではなくなった。他人同士で折り合いをつけながら暮らしていくことが求められる。まさにその象徴である団地。そこで起きる問題を、徳弘さんのように面倒見のいい人たちのつながりが解決しながら、日常を守り続けてきたわけです。

その徳弘さんが、「基町は学会員さんが運営しとるんじゃないか、と言うくらい一生懸命やっとる」と、学会員に大きな信頼を寄せていたのは印象的でした。

基町団地の課題の一つに、外国人との共生を巡る問題がありました。特に、ゴミ捨ての仕方などに関してトラブルが多いと。その中で、他から模範とされるくらいに、ゴミ捨て場が清潔に保たれているのが、藤井イツ子さんが自治会長を務める棟です。

藤井さんが朝昼晩と題目を唱えるのを近所の住民は知っていて、「もう題目終わった?」と相談に訪れることも日常になっている。亡きご主人が生前、体調を崩したことで、代わりに〝一年限り〟で務めるつもりだった自治会長なのに、気づけばもう二〇年以上。その中で顔が見える関係を周囲とつくり、何か問題が起こる前に対処してきている。隣に誰が住んでいるのかもよく分からないままに生活している人も少なくない現代において、意義深いことだと感じました。

住民間のトラブルは穏やかなものばかりではなく、ひどい嫌がらせをされることもあった。それでも、題目を唱え御本尊に向かうと、愚痴《ぐち》を言いたくなる気持ちも、ご主人への感謝の気持ちに変わるというお話も印象的でした。

基町団地は、かつて〝原爆スラム〟と呼ばれた地域に建てられました。被爆者や在日コリアンの人々が多く団地に住み、言い知れぬ差別と苦しみにさらされてきました。

松浦悦子さんは、当時から基町を知る一人です。

基町団地の方々からは、やはり人並み外れた平和への強い思いを感じました。ルポ記事の中で、松浦さんは、「平和といっても身近な人に声を掛け、寄り添うことから始まります。そうでなければ確かな根を張れません」と言っています。

周囲の人々とつながりをつくり、その幸福を願う。一生懸命に団地に尽くす。それが平和につながる。団地に住み始めた当初、人間関係に悩むこともあったという松浦さんが、平和を追求する中で、団地に根付いてきたことが分かりました。

もう一点、池田大作第三代会長がつづり、松浦さんに贈った「大思想は原爆を恐れじ」という言葉を、ずっと大切にし、誇りに思いながら生きてきたという話をしてくださったのも印象的でした。今でも日々、SOKAチャンネルVOD※60での映像配信などを通して、師匠を感じ、自分自身の信心を見つめ、微修正しながら生きている、と。外部からはつかみ切れない、池田会長と学会員の師弟関係の具体的なあり方が伝わってきました。

これまで多くの方を入会に導いた阿部昌子さん。控えめで、〝押しの強さ〟は感じられない方でした。

阿部さんは団地の住民に、屋上庭園で育てた花をプレゼントするなどしながら気さくに話し掛け、「なんでも相談してちょうだい」と、困っていることを聞いて回ってきた。決して目立

60　池田第三代会長のスピーチ映像など、学会員の活動をサポートするための映像コンテンツが用意されたオンデマンド配信サービス。全国の会館や各組織に配布された端末で視聴が可能。

つわけではない、縁の下の力持ちに徹する。皆にとっての良き隣人になることと、学会員としての活動が一体となっている。その結果として、入会に導かれる人がいる。学会がここまで拡大してきた、象徴的な例を見たように思いました。

葛藤を調和に変える鍛練

今回、取材した方々の口から度々聞いた言葉があります。それは、学会活動が「自身の鍛《きた》えになっている」「訓練されている」という言い方です。広島でも、尼崎でも同様に聞いた言葉ですので、おそらく全国各地の会員間で共有されている感覚なのではないかと想像します。

外部から学会を見ると、「学会員の人たちは、皆、等しい信仰と価値観を共有しているわけだから、その内側にいれば、おのずと何の葛藤もなく生きていける。それ故、学会は常に内側に閉じている」と一面的に思われている部分もあるかもしれない。

しかし、例えば団地で、人が嫌がることを率先して引き受けるという、決して楽ではないことを進んでする人がいる。内部であることを自覚しつつ、外部に出ていくことが良しとされる価値観が背景にある。

その点で学会は、内に閉じられつつも外に開かれた構造を根本に持っている。この事実を、改めて知ることができて新鮮でした。

会員同士の激励も、「甘やかす」のではなく、「厳しくも温かく導く」といったものに近い。阿部さんが団地に入居し、家庭内の問題で悩んでいた時、学会の先輩から「環境のせいにしてはいけない」「題目をあげよう」と諭されたといいます。自分のせいだ、自分がどうするかだと問われ続けてきたわけですね。

世間では、表面的な優しい言葉を掛け、君は悪くなんかないというようなことを言っておいたほうが無難な場面もある。外部でいう「励まし」はそういう水準にとどまっている場合も多いし、今の時代はなおさらそう。にもかかわらず、学会員は、自分自身の内に問題の所在を見ようとする。そう考えると、あらゆる出来事を「鍛錬《たんれん》」と捉える姿勢は、ふに落ちます。

となると、学会員が訓練というとき、「何を」鍛えているのか——。

仏道修行として自分自身を鍛えていることかと想像しますが、外部から見えるのは、人々の葛藤を調和に変え、持続的に集団を営《いとな》む能力です。これは社会人、特に何らかのリーダーには普遍的に求められる力でしょう。

物事の全体像を掌握《しょうあく》し、催事の運営などを円滑に進め、トラブルを収めて合意形成する。これらは仕事にせよ、地域にせよ、人が集まる場では誰かが必ず担わなければならない普遍的なスキルですが、学会の人たちは、そういうことを常日頃から意識して実践しているのが分かりました。それが、自分の棟の住民の様子は何でも把握していたり、住民同士のトラブルを上手に解決したりというように、団地での暮らしにおいても発揮されている。印象的だったのは、高橋啓子さんのお話です。

ある時、中学生がたばこを吸っているのを目撃した。当時、団地内でも青少年が荒れていたそうです。高橋さんが「吸ってみたいのは分かるよ」と寄り添いつつも、「でも、大人になったらいくらでも吸えるんだよ」と優しく諭すと、彼らはすぐに火を消した。

多感な若者からすれば、知らない大人から注意されたら、反抗したくなるのが普通です。見て見ぬふりをする人もいるであろうところで、感情を逆なでしない話し方を、高橋さんがしたといえます。これも、学会活動の中で培《つちか》ってきたコミュニケーション能力なのだと思いました。

最後の一人まで幸せに

社会が自由になるほどに、異なる思想や信条、価値観を持つ人同士の対立が生まれる余地は増えます。一方、人間は、なるべく我慢や忍耐をしたくない生き物です。「個人化」が進む今日、「自分と異なる人」とは極力関わらず、「共に生きる」ことを避けながらやり過ごそうという感覚も強まっている。

しかし団地は、いやがうえにも「共に生きる」ことが求められる空間です。意見の対立があっても、嫌だと思う住民がいても、それでも日々、限られた空間内で生活を共にしなくてはならない。その中で、我慢や忍耐を苦とせずに、自分自身の「鍛え」と捉える学会員の存在は、団地の存続と発展を確かに支えています。

外国人とのトラブルを解決したり、高齢者の最期に立ち会ったり。その詳細を聞けば、我慢、忍耐という言葉ではまとめきれない、「どうしてそこまでできるのか?」と驚くような負担を日常的に背負っている。

団地に暮らす学会員の行動は、「最後の一人まで幸せに」という覚悟とともにあることを、多くの人の話を通して実感しました。

マックス・ウェーバーは、社会学の古典である『プロテスタンティズムの倫理と資本主義の精神』で、近代化に逆行するようにも思える宗教的規範が、意図せぬ形で資本主義の発展を促し、近代を促進してきたのだと述べました。

それと似て、創価学会もまた、「宗教的な倫理＝他者に尽くす」と「日本の近代化＝団地の光と影」を、絶妙にマッチングさせている。団地に凝縮された、日本社会の普遍的な課題を解決する機能を果たしていることを、現場を訪れて実感しました。

「仏道修行」と捉える姿勢

兵庫県尼崎市の水堂高層住宅は、阪神・淡路大震災（一九九五年）の後、復興住宅として建てられた団地です。今では八十代以上の単身世帯がほとんどで、高齢化に伴う団地の課題が凝縮された場所ですが、ここでも学会員の皆さんが住民のために汗を流していました。

ルポの記事（五〇頁）でも、「ほっとかれへん」「考えるより先に体が動く」といった記述がありましたが、これは私にとっても印象的な言葉でした。これが生き方の根本にある感覚なんだな、と。それをよく表していたのが、楠部美津子さんと鮫島カズさんです。

地域の「幸福責任者」になろうと祈り、「団地全体の責任を担う気概でやってきた」と語る楠部さんの生き方は、学会員の象徴のように思います。不条理なことが積み重なっても「これは仏道修行だ」と捉え、地域の人々を支えようとしてきた。全てを「仏道修行」と捉える姿勢は、広島の基町団地の皆さんとも共通しています。

また、台風の影響でエレベーターが止まっていた時、団地の下で騒ぎがあった。鮫島さんは、足が悪くて階段を上れないはずなのに、気付いたら九階の自室から、一階まで駆け降りていた。困った人がいれば「放っておけない」生き方を、分かりやすく示す事例だと感心しました。

そして、団地は「小さな合衆国」であると語ってきた池田会長に応えたいという思いが、二人をはじめ、団地部の皆さんの原動力となっているという言葉が、口々に語られたのも印象的でした。

〝新大陸〟にさまざまな人と価値観が流入し、多様性を抱えつつも強く活気ある国となったのが、アメリカ「合衆国」であるわけです。この例えが示す、団地という場の持つエネルギーと多様さが、時代の中で形を変えつつも、現在にも続いていることを実感しました。

池田会長が団地部に贈った一〇項目からなる指針の一つ一つは、とっぴなことをうたっているわけではない普通の内容とも見えますが、これらを理屈だけではなく、実践し続ける体制を保てるのが、創価学会の強さです。

〈団地部への指針〉

一、「小さな合衆国（団地）」の無事・安穏《あんのん》を日々ご祈念。

二、笑顔のあいさつで明るい団地。

三、良き住民として、常識豊かに模範の生活。
四、近隣を大切に、広く、大きな心で、皆と仲良く。
五、友情の花を咲かせて、心豊かな人生。
六、地域貢献活動には、率先垂範《そっせんすいはん》で積極的に取り組む。
七、自然保護で緑あふれる希望の団地。
八、お年寄りを大切に、励ましの一声かけて今日も安心。
九、青少年の健全な育成に協力。
十、冠婚葬祭は、思想・信条を超えて相互扶助。

宗教の諸宗派や諸団体、あるいはNPO等で、こうした理念を掲げはしても、全国の津々浦々で、日常的にその理念を実践できている組織は、学会をおいて他にないのではないでしょうか。私が団地の現場で目にしたのも、こうした理念を具体的に実践するにはどうすればいいか、語り合い、形にしようとしている学会員の実像でした。

意外だったのは、団地で暮らし続ける理由、その暮らしの魅力を伺った際の回答が、「便利で暮らしやすいから」という、会員でない人でも言うであろう平凡な回答だったことです。しかし考えてみると、皆さんがそう言い切れる理由は、団地部の指針の一〇項目を、一生懸命に実践してきたからなんですね。そうでないと、ただでさえ課題が山積しやすい団地は、誰もが不満を抱える状態になっていてもおかしくはない。

実際に、水堂にしても、昔は警察車両や救急車が来続けるような団地だった。その中で、コミュニティーを維持し続けるために、根気強く取り組んできた人たちがいた。その蓄積が、今につながっている。これが伺った話から見えてきたことです。

学会員には、「困難な時ほど頑張ろう」「面倒なことほど自分が買って出よう」といった、宗教的規範のようなものがあります。その背景に、池田会長が示した一〇指針をはじめとする、学会員はこうあるべきだという言葉が存在する。だからこそ、体が先に動いてしまう。〝お節《せっ》介《かい》〟をやいてしまう。

宗教的規範が、現実の生活の上に生きていることが、さまざまなエピソードから理解できました。

身近なカリスマ

尼崎で特に印象的だったのは、そうした宗教的規範に根差した実践が、世代を超えて継承される動きもあるということです。楠部さん、鮫島さんという〝大先輩〟の二人が大切にした、「幸福責任者になる」という生き方が、山本久子さんや谷山咲子さんをはじめとする、次の世代に引き継がれていました。

世代継承の中で、互いに支え合う役割分担も進んでいる。楠部さんは、以前のように自由に歩き回れない分、人一倍祈り、友人を折伏する。その友人が入会したら、山本さんをはじめとする若い世代が、楠部さんには難しい部分を代わって支える。そういうものだと「腹をくっています」と表現していました。こうした支え合いは簡単ではなく、だから世の中では孤独死などが問題になっても、具体策がなかなか打てない。

宗教的規範と実践が、特定の誰かに属するものではなく、世代や地域を超えていく。ここにも、学会の強さを見ることができます。

基町団地を訪ねて　©Seikyo Shimbun

山本さんが入会したばかりの頃の話も印象的でした。女子部（当時）時代、「宝塚のスターみたいなキラキラした先輩に憧れた」と、それが学会活動に熱中していく一つのきっかけだったと語っていた。直接触れ合える身近な場所に、自分もこうなりたいという人がいて、影響を受けながら自分を成長させていく。私も学問の道を歩いてきましたので、よく分かる感覚です。

ですが、現代人にとってはそうした経験が、手に入りにくいのかもしれません。職場でも地域でも人間関係がドライになり、身近な尊敬できる先輩、手触り感のあるカリスマに出会い、人生が変わっていく経験を、かつてのようには、しにくくなっている。

一方で、憧れる存在を求めるメンタリティー自体がなくなったわけではなく、例えば〝子どもがなりたい職業ランキング〟で、ユーチューバーが常に上位に位置する事実に象徴されるように、カリスマを探し、自分もそこに近づきたいと感じつつ、でも大部分の人にはそんな機会はないという状況があります。

カリスマらしきものを見つけては過剰な期待をし、失望をして、手元には何も残らない。自己成長にはつながらず、自分の人生は変わっていかない――。そんな構造の中で、多くの人たちが右往左往しているように思えます。

その点、学会員には外部からは見えにくい軸《じく》があるのでしょう。学会内の先輩・後輩の関係性がもたらす、手触り感のある〝身近なカリスマ〟。その先に存在する、人生の師匠という〝大きなカリスマ〟。この一本の柱の根本に、信仰がある。

ここに、組織がこれだけ大きく、持続的なものになってきた秘訣《ひけつ》があるのではないか。山本さんのお話からは、そんなことを感じました。

第一章の解説で、学会には、普通は出会わないような人同士を「かき混ぜる」機能があると書きました。

それはある意味で、人と人の間に〝線を引かない〟強さといえるのですが、今回、広島と尼崎の団地を取材して感じたのは、学会という組織の「内にいる」ことへの、強い意識と誇りです。「学会員としてしっかりしなければ」「良くないことをしたら学会がこう見られてしまう」とおっしゃる方が、何人もいました。

これは一見、内と外との〝線引き〟のように思えますが、そうではない。団地の「幸福責任者」になることを使命と捉えるような宗教的規範は、学会員であるという帰属意識があって、はじめて血肉化されたシステムとなります。それは団結した組織であるから成り立つわけで、組織で訓練されていない「個の集まり」だけでは弱い。内外の境界が曖昧《あいまい》な烏合《うごう》の衆《しゅう》は、ちょっとしたきっかけで瓦解《がかい》してしまう。

一方で重要なのは、学会におけるシステムが外部を〝線の内側〟に入れてしまうような仕組みを持っているということです。団地部への一〇指針に明らかなように、近隣を大切にし、貢献することこそが、学会員のやるべきことだという宗教的規範がある。

学会員であることを足場としながら、団地全体を暮らしやすく、皆が幸福になっていく場にする、そのための実践がある。

こうした「会員としての誇り」と「開かれた実践」を、バランスよく、相互に補い合っていく文化が、各地の団地で学会員の活動が、共助やセーフティーネットの不可欠な基盤になっている背景にあるのではないでしょうか。

三変土田の思想

団地部に対する池田会長の励ましがつづられた小説『新・人間革命』第24巻「灯台」の章には、仏法の「三変土田《さんぺんどでん》」――自分の一念の転換が、国土の宿命をも転換していくことを説いた法理について、紹介されています。

自分の身の周りの小さな変革が、社会全体に広がっていく。平和も幸福もそうです。いくら平和や幸福が危機にさらされても、突然どこかから絶対的力をもったヒーローが登場して、皆に平和や幸福をもたらし、永遠にそれを守ってくれるわけではない。

世界を変えたければ、まず自分が自分の身近なところで、何を達成できるかが問われている。ただ、この現実を直視できる人は多くはないのかもしれない。だから、カリスマっぽく見えるものを求めながらふらつき、不平不満の原因を常に自分以外の他者に求めようとする。

その点、一人の変革が社会のありようをも変革するという、三変土田に象徴されるような学会員に根付いた世界の捉え方は、〝自分が行動しても変わらない〟という、世の中の他者依存、他責的な思想や、現状への諦《あきら》め、悲観主義とは対照的です。

二つの団地に暮らす人々の学会活動であり、団地で期待されている小さからぬ役割を持つ活動の背景には、現代社会において希少な学会員の世界観が見えました。

一日中忙しくて、〝休み時間が欲しい〟とこぼすほど、地域と周囲の人々に貢献しようと過ごす日常の中に、充実感と生きる意味を見いだしている。信仰と人生と社会が深く結び付いた、学会の発展を凝縮したような活動の様子を、垣間《かいま》見ることができました。

第3章

農漁業——偶然を必然に——

高知・北海道

ルポ

農漁業に生きる――自然の厳しさを見据え使命の道で活路を示す

閑静《かんせい》な集落に響くエンジン音。森三一さん（壮年部員）の操《あやつ》る釣り船が、潮風を切って海へ滑《すべ》り出す。

高知・黒潮町《くろしおちょう》の山間《やまあい》を抜けた先にある鈴《すず》漁港では、海上の釣りイカダから、四季折々に多彩な魚種が楽しめる。

釣り針にかかった魚を船客が手繰《たぐ》り寄せると、森さんは白い歯をのぞかせた。

森さんは父親の代からの伊勢エビ漁師。かつては商船に乗っていた。

「もともと漁師になろうとは思ってなかった。でもやっぱり、この地元の海が好き。だから戻ってきた」

四方を海に囲まれ、世界に冠たる水揚げ量を誇ってきた日本の漁業が今、危機に瀕《ひん》している。世界全体の水揚げ量が増える一方で、日本だけが激減。高齢化や過疎《かそ》化を背景に漁業者は年々、減少し、個人経営体の実に八割が後継者不足に直面している。いわゆる「魚職」離れである。

高知県では漁業就業支援センターによるセミナーや短期研修が功を奏し、若い漁業者が増加しつつある地域もあるが、課題も残る。

森さんは鈴の漁業組合の総代。漁師を志《こころざ》す若者を受け入れてはいるが、理想通りにはいかないという。

鈴は人口約五〇人の小さな漁村で、漁師の高齢化も進んでいる。伊勢エビ漁の傍《かたわ》ら、漁師七人で始めた遊漁船も、今は森さん一人で営《いとな》む。「あと一〇年、いや、五年持つか……」と危機感を募《つの》らせる。

加えて南海トラフ巨大地震の恐れもある。津波が来ればひとたまりもない。

「とにかく、この町がある限り、俺は海と共に生きていきたい」——焦《あせ》るでも気負うでもなく、森さんは淡々と言葉を継いだ。

明日がどうなるか——漁師共通の実感

カツオの一本釣りなどで知られる高知には、温暖な気候や黒潮の恵みに育《はぐく》まれた好漁場が点在する。

しかし近年、近海での一本釣りで取れるカツオが減っている。回遊《かいゆう》が減少したことが一因と考えられ、不漁は慢性化しつつある。

海が相手の漁師は、温暖化や気候変動といった変化と無関係ではいられない。

室戸市でサンゴ漁と遊漁船業を兼ねる谷岡隆満さん（志国長〈ブロック長〉）。「特に、この七～八年は黒潮が当たらず、取れる魚が変わってきました。以前は近海でキンメダイが取れましたが、今は二時間ほど船を走らせないと取れません」

近年は魚の買い取り価格が低迷し、さらに原油価格が上昇。燃料費の高騰《こうとう》は漁師にとって死活問題だ。

谷岡さんは「明日がどうなるか分からない。それは漁師共通の実感」と言う。海は天候に左右されやすい。準備万端で繰り出したからといって、漁が成功するという保証はなく、水揚げも収入も一定ではない。

室戸は〝台風銀座〟。父のカツオやマグロ漁だけでは食べるのが精一杯だったと、谷岡さんは幼い記憶をたどる。支払いは滞《とどこお》り、家を売らざるを得なかった。

「だから漁師だけは嫌だと思って」上京し、電子部品会社に就職。しかし父に肺がんが見つかり、地元へ戻る。看病しながらアルバイトで家計を助け、「やつれる父が元気になってくれるなら」と、谷岡さんは漁師を選ぶ。街が漁業不振に喘《あえ》ぐ中での決断だった。

時を同じくして病魔が谷岡さんを襲《おそ》う。原因不明の難病であるサルコイドーシスと告げられるが、父も谷岡さんも、信心根本の闘病で病を克服。「原因不明と聞いて、後は信心しかない。全てに実証を示そうと思いました」

ひとたび海上に出れば、頼れるのは自分だけ。海に落ちて間一髪で命拾いしたこともある。いや応なしに信心の確信が鍛《きた》えられた。

「題目をあげて漁に出ると、不思議と結果がついてくる。それに、先を考えて冷静に行動できるんです」

サンゴの成長速度は一〇年で、わずか一センチ。採り過ぎればなくなってしまう。持続的な漁獲を見据え、谷岡さんは遊漁船を兼業する。

同業者の間でいち早くインターネットを活用し、SNSを通じた釣り動画の配信が根強い人気を集めるなど、先手先手の対応が漁業関係者から注目を集める。

「受け身じゃなく、自分から動いて状況を開く。そうした能動的な姿勢になれたのも功徳※61です」と谷岡さん。「厳しい世界だけど、その分、やりがいは大きい」と、今日も海に臨む。

後継者不足による変化の波

「漁業を辞めんといけん一番の理由は、後継者がおらんことや」——須崎市《すさきし》でタイの養殖を手掛ける森光英二さん(支部長)。野見湾で漁協の理事を務める。

安定供給で食を支える養殖漁業は、漁船漁業と並ぶ日本の水産業の柱であり、近い将来、漁船漁業の産出額を上回るともいわれる。

だが養殖漁業にも人手不足は容赦ない。平成当初は同地に五〇ほどあった経営体が、現在は一〇近くにまで減少。森光さんの養殖規模は一万匹から八万匹へと拡大したが、それは後継者が立たず、養殖を諦《あきら》めざるを得なかった人の分まで請け負ってきたためである。森光さんは後継者に恵まれた。

「いけすの入れ替えとかは大掛かりやき。基本は手伝い合いや。三六五日、休みが

61 仏教用語。人々に利益を与える性質。功徳を生む因となる善行をいう場合もある。多くは「善行を積んだ報い」との意味で使われる。

ないき、エサやりとかは支え合わんといけん」

養殖にはエサ代が必要だが、エサ代を確保するためには魚が売れないといけない。養殖数が大きいほど、このサイクルがうまく回らなければ破綻《はたん》してしまう。

コロナ禍に見舞われる中、二〇二一年はギリギリだった。エサ代が枯渇《こかつ》し、翌々月が見えないという窮地《きゅうち》で、普段は付き合いのない業者が魚を出荷してくれ、事なきを得た。森光さんは「福運※62をつけんことには太刀打ちできんよ」と目を細める。

個人経営体が集約され、変化の波にもまれる漁業界にあって、森光さんが大切にするのは「人格」だ。

「最後にもの言うのは日頃の付き合いやし、学会である以上、地域に貢献せなあかん」。その持論通り、六つの地域役職を兼務。地元消防団に三〇年以上所属し、分団長として心を配る。

森光さんの原点は二十三歳の時。高知文化会館※63（当時）で開かれた池田先生との記念撮影会だ。隣に座った先生は「学会を頼むね」と。その一言を胸に携《たずさ》え、森光さんは誠実一路を貫く。

学会の記念月には五〇人近い近隣住民が聖教新聞を購読するなど、森光さんへの信用は揺るぎない。地域漁業を信頼という絆《きずな》で下支えし、激変の時流に抗《こう》している。

世界的な魚食ブームの一方で

62　幸福と幸運のこと。「福運を積む」「福運をつける」「福運がある」といった使われ方をする。

63　高知市にある学会の会館。

止まらない「魚職」離れとともに問題となっているのが「魚食」離れである。世界的な魚食ブームの一方、さばき方や調理法の難しさなどの理由から、世代が下がるにつれ、魚介類消費量の落ち込みが際立つ。その中で、漁業者は必死に食を守ろうとしている。

中土佐町上ノ加江《かみのかえ》の大高明さん（副県長）と妻の弘《ひろ》さん（女性部副本部長）は、漁業体験施設「わかしや」で、「魚職」と「魚食」両面の魅力を伝えている。

かつて「日本三大ブリ漁場」の一つとして栄えた上ノ加江。「大漁旗が上がると、学校から帰った子どもたちと総出で漁の手伝いをしたものです。歓声を上げながら、夕食に食べたい魚を予約したりしてね」

しかし漁獲不振に過疎化が追い打ちをかけ、港は閉塞《へいそく》感に包まれていく。

大高さんは一九七八年に学会に入会。同年十二月、池田先生は高知を訪問し、〝それぞれの道でトップを目指そう〟と指導を。期待に応えようと、傾いたハマチ養殖の代わりに長太郎貝や昆布の養殖を導入。東京の葛西臨海水族園や大阪の海遊館にマグロを生きたまま搬入するなど、祈りを武器に創意工夫を湧《わ》き立たせた。

若くして漁協の専務理事に推《お》され、組合員の生活を守ろうと試行錯誤を重ねる中、二〇〇四年に始めたのが「漁業体験」だった。

船で実際に沖へ出て、漁師に手取り足取り教わりながら漁を体験。伊勢エビやカワハギ、ワタリガニ……次々に取れる獲物が、刺し身や唐揚げ、塩ゆでにされてテーブルに並んでいく。

漁業体験は口コミで広がり、テレビ取材もひっきりなし。観光バスが往来し、学校の遠足や修学旅行の団体客でにぎわう。海外からツアー客も訪れるまでに。

「以前は、こんな〝陸の孤島〟に大型バスが来るなんて夢にも考えられなかった。何より、子どもたちの大はしゃぎの歓声がうれしくて」。〝いごっそう（頑固者）〟の漁師たちからも満面の笑みがこぼれる。

地域活性化の成功事例として、漁業体験は「水産白書」にも紹介されている。

どんな問題も、まず立ち向かう

日本の漁業は一つの転換期を迎えている。

北欧では、長期的視点に基づく漁業規制や資源管理が奏功《そうこう》し、水産業が成長産業として定着した事例もある。今、苦しい局面をどうしのぐかが鍵ともいえる。

大高さんは、高知総県の漁光部長※64を務める。

「そりゃ課題はなんぼでもある。せやけど、どんな問題も、まず立ち向かおうとするところに、みんなが団結できるように思う」

やれることは全てやる。漁業体験では、天候や体験者の状況を考慮し、漁師との連携や仕掛けの段取りなど、綿密《めんみつ》に準備を重ねる。

営業の勉強もした。人材育成には特に心を砕いた。ご当地アイドルの「爺―POP」

64　地域本部の農漁光部の役職。

に自ら出演し、地域PRにも余念がない。

その源には、〝今日も大漁であるように〟〝縁する全ての人に喜んでもらえるように〟との祈りがある。

農漁光部の結成について記された小説『新・人間革命』第24巻「灯台」の章には、漁獲量の減少を嘆く友への激励が記されている。

〝仏法では、自分自身の一念[※65]で、国土も変えていくことができると教えています。根本はお題目です。何があっても負けない、強い信心の一念があれば、一切の環境を変えられる。それが三変土田の法理です〟

さらに池田先生は「創価学会には、世の暗夜《あんや》を照らす〝灯台〟となる使命がある」と同部に期待する。

「あきらめと無気力の闇に包まれた時代の閉塞を破るのは、人間の英知と信念の光彩だ。一人ひとりが、あの地、この地で、蘇生の光を送る灯台となって、社会の航路を照らし出すのだ。そこに、創価学会の使命がある」――まさしく、高知の漁光部の友が鮮烈に示していたのは、苦境の時ほど知恵を絞り、活路を見いだす「英知」、そして、自ら決めた誓いの天地に生きる「信念」の輝きであった。

先が見えない。状況が苦しい……。それなら自分が輝けばいい。たとえ今、花を咲かせられなくとも、不屈の光で希望を指し示し、未来を照らし出す。その向こうに必ず道は開く。

65　仏教用語。一瞬に働く衆生の心のこと。

自然の厳しさを誰よりも肌身で知る漁光部の友が、使命の海で体現する創価の実像である。

明日が待ち遠しい

機内アナウンスが、「とかち帯広空港」への到着を告げる。窓の外には、緑や黄色、茶色の畑がパッチワークのように連なり、どこまでも広がっていた。

「〝きれいだな〟と思う人もいれば、〝なんだ、畑しかないのか〟と思う人もいます。捉え方によって見え方は全く変わる。私も最初は悲観的でした」

中島貴弘さん（40）（県男子部長※66）は創価大学を卒業後、祖父の畑を継《つ》いで就農した。実はITベンチャー企業に内定していたが、「父から〝帰ってこい〟と言われ、〝だったら、自分がやれば〟とか思うことなく、なぜか二つ返事で引き受けてしまったんです」。

母方の曾祖父《そうそふ》と祖父が開墾《かいこん》した畑。父は農業を手伝わず、公務員として働いていた。祖父からは「好きにやっていい」と言われたものの、中島さん自身、農業は未経験。悪戦苦闘しながら土と向き合った。

〝大学の同期は、今頃、都会でバリバリ働いているのだろう〟。そう考えると、広大な畑に一人取り残されたように感じた。

「大学で刺激を受け、社会で結果を出そうと息巻いていたわけですが、こんな田舎

66　男子部の役職。県における男子部の責任者。

で単純な農作業の毎日。情熱をどこに注げばいいのか分からなかった」

中島さんは学会活動に打ち込んだ。毎日、車を一時間以上も走らせ、メンバーの元へ。「近所の人は毎晩、どこに出掛けているんだって感じだったと思います（笑）」

同世代の仲間と接しながら、自身の人生を見つめ続けた。農作業の合間に、池田大作先生の書籍をむさぼり読んだ。「〝何のための人生か〟——そこから出発することで、他人と比べなくなりました。どこにいても、自分の立場で大きな仕事はできるんだって」

貧しかった昔、借金の取り立てに来た人に折伏され、祖父は入会した。今も畑には一家の思いが詰まっている。「そこに改良を加え、より豊かな作物を実らせる。なんかロマンを感じて」。いつしか農業に魅了され、農協の青年部長として、地元青年農業者とも交流を重ねてきた。

早起きして迎える朝日は気持ちいい。青々と成長していく作物に触れると元気が湧く。時間を自由に使える農家のスタイルも性に合う。中島さんは「今は仕事が楽しくてしょうがない。寝る前になると明日が待ち遠しくなるんです」と。

近年の異常気象により、毎年、試行錯誤の営農が続くが、「試練も挑戦も楽しくて仕方がない」と毎日、学会活動に励みながら、小麦、小豆、ビート、ジャガイモの栽培に精を出す。

わが子のように愛でる

吉川伊都子さん（地区女性部長）が結婚した相手は農家の後継ぎだった。当時、一家の畑は不作続き。しかも、夫が保証人となったことで多額の借金がのしかかり、経営は追い込まれた。

夫の実家は創価学会員だった。苦境を脱しようと家計をやりくりする吉川さんを案じ、婦人部※67（当時）の人が足しげく通ってくれた。「ほんとに親身に話を聞いてくれるし、自分なりに納得できたしね」

吉川さんは結婚五年後の一九八五年に入会した。

農業と信心は〝相性〟が良いと感じた。育ちの遅い作物に題目を送る。悪天候が続くと御本尊に祈った。「農業は自然が相手。どうにかしようにも、できないものだから、祈りに力が入るんだよね」

仕事が終わると学会の会合に駆け付けた。人の話を聞き、自分の近況を話す。「そんなことを繰り返していたら、そりゃあ前向きになれるし、人生も良いリズムになっていくよな」

育ちの悪い作物ほど、かわいいと心に余裕も生まれた。わが子を愛《め》でるように農作業にいそしむ中、経営は安定した。

一〇年前、夫に先立たれたが、長男夫婦が後を継いでくれた。力仕事に学会活動、

67　日本では、二〇二一年に「女子部」と合併し、現在の「女性部」となった。

九人の孫の世話もする日々に幸せを感じる。

白米は白米にはあらず

農漁光部※68（当時は農村部）が誕生したのは一九七三年。その頃、世界は深刻な食糧不足に悩まされていた。干《かん》ばつ、寒波《かんぱ》、洪水《こうずい》など、異常気象が各国の農業に大打撃を与えたためだ。第二次世界大戦後の食糧難以来の最悪の事態。池田先生の農村部への期待は大きかった。

「メンバーの知恵と営農の実証は、先細りの様相を見せ始めた農業の、未来を開く力となる。さらに、それは、日本、そして、世界の食糧問題を解決する糸口ともなろう」（小説『新・人間革命』第24巻「灯台」の章）

農漁光部の同志は挑戦を開始した。営農における互いの悩みを共有し、学術部※69の友を講師に迎えて、農業経営の幅広い知識を学ぶ機会なども持った。

農村は旧習深い地域も多い。場所によっては、学会員というだけで、無理解や偏見の言葉を浴《あ》びることがあった。

「〝地域の灯台たれ〟――先生が農漁光部に贈られた指針が励みでした」

長瀬直道さん（71）（副県長）は長年、農協の理事を務めるなど、地域に尽くし信頼の根を張ってきた。

「池田先生ほど、農業者を大事にしてくださった方はいません。会長就任時から

68　地域本部のうちの一つのセクション。農業・漁業に従事するメンバーが所属する。かつては「農村部」との名称だった。

69　文化本部のうちの一つのセクション。大学教員や研究職に従事するメンバーが所属する。文化本部にはほかに「文芸部＝文筆業に従事するメンバーが所属」「ドクター部＝医師のメンバーが所属」「芸術部＝文化・芸能活動に従事するメンバーが所属」がある。

『豊作であるように！　飢饉《ききん》がないように！』と祈り、『農村を大事にしない社会は、人間や生命を粗末《そまつ》にする野蛮《やばん》な社会となり、すべての面で行き詰まる』と訴えてこられた」

長瀬さんはこれまで、農漁光部のリーダーとして同志を激励してきた。青年部※70時代は、北海道初の農村青年主張大会※71を十勝で開催。農村部の全国大会や世界大会があれば、北海道からメンバーと駆け付けた。

生命に刻む日蓮大聖人の御書の御文は「白米は白米にはあらず、すなわち命なり」（新二〇五四・全一五九七ページ）。「命をつくる、そこに農業の夢があります」

人間外交で接する

農林水産省の発表によると、「農業従事者数」は二〇〇〇年で二四〇万人、一〇年に二〇五万人、二〇年には一三六万人と減少の一途をたどっている。

また従事者の平均年齢は六十七歳。高齢化も進む中で、安定経営を目指した農地の大規模化や生産効率を向上させるため、ロボットやIT技術を利用した「スマート農業」の普及が著《いちじる》しい。

河尻修さん（60）（分県副書記長※72）の畑は一五〇ヘクタール。十勝の中でもトップクラスの広大な土地で、最新の機器を導入し、長男と二人の従業員で作業効率を追求する。まさに、「農業の工業化」の最先端をいく河尻さんだが、一番こだわっている

70　男子部・学生部・未来部を総称して青年部（二一〇頁、組織機構図を参照）という。

71　農漁光部で定期的に開催される会合。青年たちが郷土に生きる誇りを訴える取り組み。

72　分県における壮年部の役職。

のは「人づくり」なのだという。

「生きるためにもうけることは大事です。しかし、資本主義経済を追い求めているだけじゃ、事業の永続性はない。私は、地域にどれだけ貢献できるかを指標にしてきました。だから、人が大事なんです」

河尻さんは四十二歳で、地元・川西地域の生産加工組合長に就任。卸先《おろしさき》である農産物加工会社との交渉を一手に任《まか》された。

「生産者は一円でも高く売りたいし、加工会社は安く買いたい。ぶつかって当たり前。交渉の収拾がつかないこともありました。そこで生かされたのが、学会での訓練です」

河尻さんは、農業者も加工会社も「食べ物を作っている誇りは同じ」なんだと皆に訴え続けた。「まずは、その一点で組合内が団結し、卸先の会社も同志なんだとの思いで接してきました」

他者に寄り添う学会精神をどこまでも貫いた。「こちらの意見もしっかりと伝えた上で、どこまでも先方の立場に思いを巡らせました」。先方の首脳とは人間外交で接した。「池田先生を見習い、感謝の思いを全身で表すため、ハグして喜んでもらったこともありました（笑）」

どれだけ機械化が進んでも、それを扱うのは人である。作物の育ち方も人によって全く違う。組合の運営も同じ。人によって、地域の農業は決まる。

「技術も人柄も情熱も大事。結局は人なんです。地域の発展のために、力ある担《にな》い手をつくる以外にないんです」

そう語る河尻さんも若い頃はヤンチャだった。「修ちゃんは学会で頑張って、立派になったと言われることも、私の信心の実証なんです」と頭をかいた。

広布のロマンが未来を耕す

十勝の取材を通して、強く印象に残ったもの。それは、農漁光部員が口々に語る壮大な「ロマン」だ。

飽くなき探究心で営農を楽しむ中島さん。わが子のように作物を育てる吉川さん。長瀬さんは創価大学通信教育部で農業経済を学び、農業の未来を見つめる。

そして、河尻さんは、地球温暖化による食糧危機を憂《うれ》い、世界の農業者が一堂に会して議論したいと夢を描く。

農業は「人づくり」――池田先生が育てた農漁光部員は十勝の大地に深く根を張り、未来を切り開く。

解説――開沼 博

一次産業の現在

地方に行けば、農地や漁港の風景がそこら中に広がっているようにも見える日本ですが、実際に一次産業である農業・林業・水産業に従事する人は、全体の一割未満。産業別就業者構成割合をみると、そうなって三〇年以上たっていることに気付きます。ただ、戦後すぐの一九五〇年前後、その割合は全体の半分を占めていました。元々、二人に一人が農家だったり漁師だったりしたわけです。

この変化は、農機具の発達など、人の代わりに機械が働いてくれるように合理化されてきた結果でもあります。ただ、二次・三次産業が急拡大した高度経済成長期以降現在に至るまで、農漁村・中山間地域から都市部へと若者が移動してきた帰結でもあります。

全国の一次産業従事者の中では、高齢化や後継者不足が慢性化し、農業にあっては海外からの安価な農作物の輸入、漁業にあっては日本人の「魚食」離れなど、それぞれに固有の課題もますます深刻化してきました。

こうした現実に、学会員はどう立ち向かい、人間が生きるために不可欠な農漁業を支えているのか。高知県と北海道を訪れ、取材をしていくと、農漁業と信仰の密接な結び付きが浮かび上がってきました。〈八二頁ルポを参照〉

発想を生み出す

高知の大高明さんは、漁業体験などツーリズムに活路を見いだしてきました。私が取材で伺った日も、関西在住の一家が楽しそうに海産物を自分の手でとり、その新鮮な海の幸に舌《した》鼓《つづみ》を打っていました。

創意工夫を重ねながら歩んできた大高さんと上ノ加江。ハマチ養殖が傾けば貝や昆布の養殖を導入し、東京や大阪の水族館にマグロを生きたまま搬入し――。試行錯誤を常に迫ってきたのは、周囲の環境の変化でもありました。

現実には日本全国、多くの人が漁業から離れ、多くの地域が衰退《すいたい》していった。その中で、アイデア豊かな大高さんは信仰を原動力として漁業をここまでつないできた。大高さんは、「いろいろな人との接点ができること」が学会活動の魅力の一つだと言います。

農漁村はかつて、閉鎖性・相互扶助《そうごふじょ》をその最大の特徴とする「村落共同体《そんらくきょうどうたい》」と呼ばれ、歴史的・社会的研究の対象となってきました。そのしがらみは農漁村の結束の基盤につながりつつも、そこに生きる人にとっては重荷でもあった。都市化は、そのしがらみから若者を解放するきっかけになってもいた。だから大量の若者が農漁村を離れ都市に出ていった。そういう側面は確かにあった。

そんな時代の変化の中で、都市化とは違った道を歩んだ農漁村で生きるかつての若者が、日常生活で必然的に会う人とはまた違った属性の人たちや、新たな価値観と出あう――そうした場として、例えば会合などの学会の活動があり、そこで見聞《けんぶん》を広げ、新しい発想を生み出していった。

学会には、都市化の中で果たした役割とは別に、前近代的な農漁村に残ってきた村落共同体的なしがらみからの解放の機能がある。その魅力に引き寄せられ、自らの生き方を変化させていった学会員の様子は、今回、お話を伺った他の方々からも感じたことでした。

谷岡隆満さんも、いち早くＳＮＳでの動画配信に着手するなどしながら、厳しい漁業の世界での将来の展望を開いていました。

病気を乗り越えた時や、船から海に落ちながらも命拾いした時。あるいは、サンゴがすごく高い値段で売れた時。その時々で、谷岡さんが「信心のおかげ」と捉えてきたという話は印象的でした。

以前は、ほぼ学会活動をしていなかった時期もあれば、〝御本尊頼み〟の受け身の姿勢で題目を唱えることも多かった。ただ、危険と隣り合わせ、不確実性が高い生活の中での一つ一つの体験を通して、能動的に祈る姿勢に変わった、と。つまり、谷岡さんの中での信仰が、バージョンアップしていったという話が一方にあり、他方で、仕事においても結果を出し、積極的に新しい取り組みに挑戦するように、漁業者としてバージョンアップしていった。信仰と仕事が同期しているのだと感じました。

学会では、「信心即生活」という考えと実践を大事にしていると聞きました。信心と実生活が直結していて、二つは互いに作用し合う関係性である、と。信心が深まることで仕事に目覚め、仕事を極める中で、信心をさらに深めていく。そうした双方向性を、谷岡さんの例に見ました。

農漁業と「顕益」

仏法の「顕益《けんやく》」「冥益《みょうやく》」※73でいうところの、「顕益」がより出やすいのが、農漁業だと言えるのではないでしょうか。天候や生産量など、人の力だけでどうしようもないことに左右される部分が相対的に大きい。その不条理と対峙する中で、祈りは必然的に、具体的で可視化されやすい対象に向けられる。取材した方々に共通していた点です。

社会学には、「生活世界」と「システム」という対立概念があります。生活世界とは、例えば顔が見える関係の中で同じ感覚を共有しながらのコミュニケーションや、直観に基づく実践が日常的に存在している世界であり、農漁業が今もそこに根差している部分は大きいでしょう。

一方、システムとは、生活する場を離れた、政治・行政・経済といった社会制度、仕組みのことです。例えば「お役所仕事」という言葉が表すような、人の温かみや顔が見える関係性に欠けた、逆に言えば何をするにもスムーズにことが進むように形式化され、目的達成のための合理性が重視された世界です。

かつては生活世界に根差していた空間においても、現在はその隅々までシステムが覆《おお》い尽くそうとしている。農漁業といえども、例えばグローバル市場やウクライナ危機がそうであるように、国際政治の力学の影響からは逃れられず、あるいは、生産管理やGPSを活用したスマート農業の発展等、システムと表裏一体のものとなってきた現実があります。

システム化された世界の特徴の一つは、個人の選択した行為が、成功だったのか失敗だったのかが分かりにくい、フィードバックが見えづらいということです。例えば、自分が今日、ガソリン車ではなくハイブリッド車に乗ることは、地球環境に何らかの影響を与える。しかしながら、その影響を手触り感がある実体験としては捉えにくい。

反対に、農漁業にまだ残る生活世界では、「明日は雨が降るから全て刈り取ってしまおう」といったように、その時々の選択が仕事に与える影響が、分かりやすい形で表れる。このフィードバックの早さは、日々の祈りと顕益という点とも、通ずるのではないでしょうか。

その点、北海道でお会いした吉川伊都子さんも、農業と信心の〝相性〟の良さを語っていました。

育ちの遅い作物に題目を送ったり、悪天候が続けば御本尊に祈ったりと、農業と信仰の接点が近いのが印象的でした。例えば取材当時の二〇二二年は、春の干ばつと強風で、自分の所の作物だけなかなか芽が出なかったけど、「何か意味がある」と吉川さんは考えた。そしてその

---

73 仏教用語。「顕益」は、はっきりと目に見える形で現れる利益。「冥益」は、目には見えないが、知らないうちに得ている利益。

意味は、秋の収穫で〝答え合わせ〟ができる、と。自然体の言葉に説得力があります。

地区女性部長の任命を受ける時、不安でいっぱいだった吉川さんに、先輩が〝自分なりでいいんだよ〟と声を掛けてくれたといいます。とはいえ、引き受けたからには投げやりにできない。近所の高齢者の面倒を見たり、その方が公営住宅に移った後、飼っていた猫の世話をしたり等、吉川さんは、「気になったことは何でもしよう」と心掛けたそうです。一緒に花植えをしながら友人に対話をするなど、等身大で活動に励み、だからこそ、一つ一つの言葉にもリアリティーがありました。

地域の灯台たれ

一九七三年に発足した農漁光部（当時は農村部）が、地域では孤立することもあるだろう、国内外の農漁業に携《たずさ》わる学会員を、広域でつなげてきた取り組みも印象的でした。

そのことを、北海道の長瀬直道さんからも感じました。

農村青年主張大会には、学会員ではない地域の農業に携わる人たちからの支えがあったといいます。学会の活動で活力を得た一人一人が、それぞれの地域で、地域貢献に励む。今回、長瀬さんをはじめとする学会員の方々からは、池田大作第三代会長の〝地域の灯台たれ〟という言葉、農漁光部に対する指針を度々聞きました。

長瀬さんは農業の未来を見据え、働きながら時間をやりくりし、通信教育で農業経済の学位を取っています。海外のＳＧＩメンバーをホームステイ先として受け入れるなど、何人もの若者にその背中を見せてもきました。不便さ、課題の根深さと向き合わざるを得ないだろう農村にあっても、向学心を高く持ち、国内外に心を大きく開いてきた。これもまた、創価学会の信仰によって血肉化した生き方なのだと思いました。

必然たらしめる

今回感じたのは、「偶然の中に必然を見いだす」学会員の強さです。

取材に当たって、私は、農漁業地域で学会員が熱心に信仰に励むようになるには、ある種の〝必然性〟があるのではないかと考えました。「逆境に向き合う中で、信仰に至る」というように。もちろんそうした側面もありましたが、信仰に至るきっかけそれ自体は、むしろ〝偶然性〟が強かったと結論づけるのが正しいと感じています。

例えば、吉川さんのように〝学会一世〟の方もいれば、二世、三世の方々もいた。信心への入り口がそうであれば、深めていくきっかけもまた人それぞれです。活動に導いてくれる先輩がいたり、事故の際に救われたり、農作物の育ちが良かったり等、千差万別だった。全ての人に共通の〝型〟があるとは、言い切れない側面があります。

しかし、そうしたきっかけや個々の体験そのものは偶然であっても、それらを必然たらしめよう、意味あるものと捉えようとする姿勢が、今回お話を伺った学会員に共通していたと感じます。自分は必然的に信仰の道に入ったのだと、後になって確認していくような感覚を、多くの学会員が持っている。そうした偶然の中に必然を見いだそうとする人ほど、信仰が日常の実践と深く結び付いている。だから確信が強く、熱心であるのではないか――。
多様な信仰実践のあり方を、垣間《かいま》見ることができました。

継承と発展の軸

今回伺った学会員の方々のお話から、農漁村においてその活動が直面してきた過去の課題と、今後の可能性が浮き彫りになってきたように思います。

まず過去の課題とは、地域の旧習との葛藤《かっとう》です。一般的に、農漁村は昔からの習慣が残りやすく土着《どちゃく》的なコミュニティーが根強い。それ故、学会に対する偏見や無理解は、都市部に比べても生まれやすい。悪天候や事故という不条理に加えて、学会員は、宗教に対する風当たりや嫌がらせにも、孤立しそうになりながらも向き合ってきた。だからこそ、個人個人の信仰における独特な足腰の強さを感じました。

他方で、今後の可能性も明確に感じました。それは、農漁村の脆弱《ぜいじゃく》化を補完《ほかん》する役割を、学会員の活動が果たす余地があるということです。

農漁村の旧習や土着的コミュニティーは崩壊《ほうかい》し続けている。高齢化と後継者不足、産業構造の変化や国際競争の激化。かつてのように、「あそこは学会員だから」と偏見を向けるというエネルギー自体が、そもそも失われている。

その中で、親から子へと「地域の灯台」になるべしという信仰と実践が継承され、地域を支える頼りがいのある存在として、外部からも信頼を集める人も出てきている。次世代を見据えた農業・漁業の継承、農漁村の持続可能な運営・発展。この両輪をつなぐ軸としての貴重な役割を、今回の高知、北海道での取材でお話を伺った方々が担ってきた姿は印象的でした。

同時に、農漁村に生きる人たち、特に若者や女性にとっての学会活動の持つ意味も、都市部にはないものとして、印象的でした。

今回お話を伺った皆さんが、学会活動が気持ちを〝リセット〟する機会になっているという意味のことを語っていた。農漁村では、家庭・地域での生活と仕事が一体になりがちです。都市部で会社勤めしていれば、それらは明確に分けられるわけですが、農漁村では違う。家庭・地域、仕事という生活のほとんどが同じメンバー、価値観で占められることに重たさを感じる人もいると思います。実際、それが一次産業の世代間継承を阻害《そがい》してきた一因でもあるでしょう。

その点、学会員は、仕事を終えて学会活動に行くことで、別の〝スイッチ〟を入れられる。作業着から普段着に着替え、別の地域や仕事で生きる人に触れ、多様な価値観を知る。しがらみ・旧習から、適度な距離感を保てるサードプレイス（第三の場所）を学会活動が用意している。それが自分を成長させてくれていると実感できる。

農業は「人づくり」

「学会の看板を背負う」気概で地域に尽くしてきた一人が、高知の森光英二さんでした。

男子部時代、森光さんは仕事が忙しい中でも、会合に出たり、座談会で司会や御書講義をしたりすることに妥協《だきょう》しなかった。それらが全て糧《かて》となって、人前で話す技術や、組織をまとめ上げる能力が磨かれていった。地域と仕事が密着する、閉ざされたように見える農漁村で、世界観を広げ、自身を鍛えてこられたのが印象的でした。

学会の中で育てられたという思いが強いからこそ、学会という看板だけは傷つけられない、迷惑をかけられないと、森光さんは言っていました。それが、地域貢献に励んできた原動力なのだと思います。

森光さんが手掛ける養殖は大規模です。二〇二一年、魚が大量に売れ残った時は『広布の役に立つように』と真剣に祈った」。そして、それまで付き合いのなかった業者が魚を出荷してくれ、事態を切り抜けた。

自分が思い通りにいかないときに、悲嘆に暮れるのではなく、人のため、地域のための祈りを深めていくのが学会員の生き方であることは、これまでの取材でも見てきましたが、農漁業では、それがより日常的に実践されているのだと実感しました。

北海道の河尻修さんも、学会での学びの多さへの感謝を語っていました。

ルポでも紹介されていたように、「農業の工業化」の最先端をいく河尻さんですが、一番こだわっているのは「人づくり」であると語っていた。学会の中で「人を大切にする」ことを教わり、それが営農の心構えに直結していました。

その河尻さんが、仏法の「依正不二《えしょうふに》※74」を通して、自分が人を大切にすると、周囲も自分を守ってくれると語っていたのが印象的でした。組合として卸先との交渉に臨む際にも、「相手企業にとって利益があるかどうか」を念頭に置いて接する。すると相手も、生産者である組合の利益を考えてくれるようになる、と。

広い視野、大きな器で考える。なぜそうできるようになったのか。それは「池田先生の弟子としての自覚」だと河尻さんは言います。かつて池田会長が、地球温暖化や食糧危機の問題などを背景に、「世界食糧銀行」の創設を提案※75したことを受け、河尻さんは、どうすれば世界の飢餓《きが》をなくしていけるかに、思いをはせてきた。

目の前の生き生きとした作物と向き合いながら、その先に広がるグローバルかつ世代を超越した人類の課題に思いをはせ、接続していく。そこに師弟関係がある。学術の分野で生きてきた私にも、納得がいく感覚でした。

農家には、それぞれが自然と向き合い結果を出してきた、一国一城の主《あるじ》としての覚悟とプライドがある。それ故に、周囲の意見を聞かなくなる人も少なくないと伺いました。「畑は広くても、視野は狭い」と。

その中で、学会員は師匠を通して世界へと視野を広げ、同志の間で意見を交わしながら、見聞を広めている。学びの場としての価値が、学会員を引き付け続けていることを改めて感じま

74　仏教用語。二つの別のものに見える「依報（環境や国土）」と「正報（衆生の心身）」が実際は分かちがたく関連していること（「国土」「衆生」は54を参照）。

75　二〇〇九年一月の「ＳＧＩの日」記念提言で提唱された。

した。

「楽しい」が力に

河尻さんが、「世間が認める営農を通して、信仰の実証を示したい」と使命を燃やしていた一方で、青年農家の中島貴弘さんが、農業は「楽しくて仕方ない」と繰り返し語っていたのも印象に残りました。

片道一時間以上もかけて学会活動に参加するなど、熱心に信心に励んできた様子がうかがえましたが、一方で、以前は都会で働いている友人たちと、田舎で農業に向き合う自分を比べてしまうこともあった。帰郷して最初の一、二年は、もやもやした気持ちだった、と。

しかし、人生の価値とは単に〝社会で活躍すること〟ではなく、〝自分の立場で意義ある仕事をすること〟だと捉え直すことができてから、気持ちが大きく変わっていった。都会への憧れもなくなり、地域に根を張ろうと思えるようになった。そして今、一家の思いが詰まった畑を継ぎ、自らの手で未来を切り開いていくことを実感する日々を送っています。

農業を、純粋に「楽しいからやっている」と、中島さんのような若手農家が語っていた。農業の未来は明るいと思わせてくれました。

そして、中島さんは学会活動も「楽しい」と語る。家での会合の準備、長時間の車移動、実際の会合、そしてメンバーとの連携も、全てが楽しい時間であり、「活動は、やればやるほど楽しくなります」と言っていた。

漁港にて、大高さん夫妻と　©Seikyo Shimbun

　中島さんが現代の若者であることもあるでしょうが、〝貧・病・争の悩みを抱えた人が、それを解決したくて信心をする〟といった、典型的なイメージを超越した創価学会の実像を、体現していると感じました。

　時間配分を自分で決める農業では、自主性が重視されていて、それは学会活動も同じ――これも、中島さんが指摘していた点です。農業だけではなく、漁業でもそうでしょう。

　確かに、〝親がやっていたから〟とか〝天気が悪いと何もできない〟といった姿勢であればつらい。自主性をもって取り組むことが、楽しく仕事をするためには不可欠です。

　これは、信心にも通底することでしょう。今回取材した一人一人が、自分の思いの発露《はつろ》で学会活動に取り組んでいました。

たとえ二世や三世であっても、〝親がやっていたから〟信心をしているのではなく、さまざまな出会いや出来事を通して、信仰を、自分の意志で、確実に、選び取り直す。その「選び取る」瞬間が、人生において何度もある。荒波にのみ込まれそうになり、自分自身を見つめ直さなければならない瞬間が。

そのときに、これまでもずっと身近にあった信仰が、自分の意志で選び取り直されていく。この構造が、農漁村に生きる方々の話からより明確に浮き彫りになったことを、取材を通じて改めて確認できました。

第4章

「人生の軸」探す若者たち——愛知・大阪

ルポ

若者と信仰――〝満たされない時代〟に仏法が示す人生の目的

御文[※76]と〝再び巡り合う〟瞬間があった

「ここでクイズです！　私たちは悩みや困難にぶつかることがあります。そんな時、深く信心を奮《ふる》い起こすには、どうしたらよいでしょうか？」

――二〇二二年、女性部の池田華陽会[※77]は各地で「華陽カレッジ」[※78]を開き、若い世代が触発し合う場となった。同年九月中旬、名古屋北創価区の華陽カレッジでは、土屋正恵さん（総愛知池田華陽会副委員長[※79]）が、クイズを通して参加者と一緒に教学を研さんしていた。

土屋さんは学会三世。反発もせず、幼い頃から真っすぐ信心に励んできたが、「祈っているのに、なんで……」と壁にぶつかった時があった。

専門学校を出て就職した先で、人間関係の悩みに直面したのだ。その後は転職を繰り返し、しばらく仕事を見つけられない時期もあった。「働いている周りの友達が、キラキラして見えて……」

76　御書の文章のこと。
77　女性部のうち二十代までのメンバーのこと。
78　池田第三代会長による指導集『華陽の誓い』の研さんなどを行う池田華陽会の会合。
79　池田華陽会の役職。
80　池田華陽会が研さんするために選定された三〇編の御書。
81　文応元年（一二六〇年）、日蓮が三十九歳の時に鎌倉幕府の最高権力者である北条時頼に提出した国主諫暁の書。「諫暁」とは相手の誤りを指摘し、諫め、諭すこと。
82　日蓮が佐渡流罪の当初に著し、文永九年そんな時、土屋さんの心を照らしたのが〝御書〟だった。当時、女子部では毎年、「池田華陽会御書30編」※80の読了に挑戦していた。三〇編の内訳は「立正安国論」※81「開目抄」※82「観心本尊抄」※83など、御書全集※84で約二六三ページ分にもなる。土屋さんは六年間、三〇編を毎年、読了した。

転職に悩む中で思い起こしたのが、何度も読んできた「冬は必ず春となる」※85（新一六九六・全一二五三ページ）との一節。

「御文と〝再び巡り合った〟ような感覚でした。今はかなわなくても、祈り続けていけば、自分にとって一番良い方向に進んでいける。悩んで初めて御書を学ぶ意味をつかめた気がしました」

希望の職種、勤務形態、自宅からの距離、人間関係など、具体的な項目を書き出し、真剣に祈り続けた。そして二〇一六年、現在も勤務する美容関係の職場に就職が決まった。

二一年まで総県女子部長※86を務め、教学試験※87のたびに、受験者と一緒に教学研さんを重ねてきた。今も池田華陽会のメンバーに、「御書に触れることの大切さを伝えていきます」と。

楽しく学ぶ「キョーガクランド」

若者を取り巻く環境は、大きく変わってきている。スマートフォンの普及やテクノ

（一二七二年）二月に弟子の四条金吾に託して門下一同に送った書。

83　文永十年（一二七三年）、日蓮が五十二歳の時、佐渡流罪中に著し、弟子・富木常忍に与えた書。

84　『日蓮大聖人御書全集 新版』のこと（㉗を参照）。

85　「妙一尼御前御消息」の一節。同書状は建治元年（一二七五年）、日蓮が五十四歳の時に弟子の妙一尼に送ったもの。

86　女子部（当時）の役職。

87　創価学会が定期的に実施している教学に関する試験。任用試験（仏法入門）、初級試験、青年部教学試験などがある。

ロジーの進化で、数え切れないほどの娯楽が生まれている。

　そんな中で、中部男子部では、信仰を持つことに魅力を感じてほしいと、「キョーガクランド」と題した教学運動を立ち上げた。コンセプトは「楽しく学ぶ」。二〇二二年九月の御書講義はオンラインで開催され、二〇〇人ほどが集《つど》った。双方向のやり取りを増やし、クイズも出題。リアルタイムで、講師が手元のタブレット端末にメモを書き込み、それを画面に表示するなど、分かりやすさを追求した。中部男子部教学部長※[88]の柴田潤さんは語る。「若い世代を糾合《きゅうごう》するために、知恵を絞って、会合の内容も、伝え方もどんどん変えていく。皆に〝信仰を持つ生き方はカッコいい〟と心の底から思ってもらえたら。そのためにも、教学が根幹になると考えています」

　今、中部の各地で、試行錯誤の新しい挑戦が続く。

　豊橋市南部から渥美半島までを舞台とする南豊橋圏を訪ねた。日向雅彦さんは、圏男子部長※[89]になって九年。「少子化や転出・転入など人の出入りも多く、年々、男子部も少なくなってきています」

　広大な地域のため、一軒を訪問するのに車で一時間近くかかることも。

「リーダーも仕事や家庭のことで忙しく、激励が行き届かない現実もあります。だからこそ、若いメンバーを含め、一人一人が主体的に活動に取り組めるよう、心を砕いています」

88　男子部の役職。中部（方面）における男子部の教学に関する責任者。

89　男子部の役職。圏における男子部の責任者。

そう語る日向さんが、力を入れてきたのが「アウトプットの教学」だ。会合や訪問・激励、活動のあらゆる場面で御書を分かりやすく語り、仏法の法理をかみ砕いて伝える。リーダーがそう意識することで、若いメンバーも学会関連の書籍などを読むようになった。

二十代の若い世代が対象のヤング男子部。二二年、圏のヤング男子部長に就任した小嶋泰河さんは二十一歳。「教学を学ぶと、訪問先で部員さんの悩みを聞いた時に、答える引き出しがグッと増えるんですよね。僕にとって教学は、今まで自分にない答えを生み出してくれるものなんです」と。

月一回のヤング男子部の集いも、小嶋さんが中心になって、ヤングだけで企画・運営している。「一人が登壇して参加者が話を聞くスタイルじゃなくて、皆で自由に話し合う〝全員参加型〟の会合をつくっています」。悩みを打ち明けたり、学んだばかりの御文を伝えたりしながら、皆が自分の言葉で話す。アウトプットの実践の場には、毎回、ヤング男子部だけで一〇人以上が集うという。

ひきこもりの先で、つかみ取った〝言葉〟

同圏でかつて男子部長を務めていた谷口和人さん（総県青年部長）は、十七歳で創価学会に入会した。中学校で不登校になり、ひきこもりを経験。そんな中で、祖母から仏法の話を聞き、自分が変われるならと信心を始めた。

最初は人と会っても緊張し、言葉が出てこなかった。「頭の中では言葉があふれているんですが、口から出てこないんです」。それでも、男子部の先輩は優しかった。毎日のように会いにきてくれ、いつしか一緒にメンバーの家を回るようになった。「訪問先では何も話さず、先輩の後ろで立っているだけ。だけど、ある時から『谷口君も話して』って前に出されて。ずっと先輩の話を聞いていたので、最初はそのまま同じような話をしました」

それからは、池田先生の著作や教学の書籍をむさぼるように読んだ。常に指針とする御文がある。「一丈のほり《堀》をこえ《越》ぬもの、十丈二十丈のほりをこう《越》べきか」※90（新一二二九・全九一二ページ）

「人前で話す時は今でも緊張して、言葉が出てこないこともあります。そんな時、この御文が頭に浮かぶんです」。生きた教学は、困難や試練を克服《こくふく》する力となる。谷口さんは自身の体験を現場で後輩たちに語り抜いてきた。

〝車の中〟で教わった教学

二〇二一年八月に入会した谷俊太朗さん（ニュー・リーダー）と、一八年に入会した大渕一平さん（男子地区副リーダー）は中学の同級生。男子部の会合で再会した時は二人で喜び合った。

谷さんは学会員である母を通じて入会した。大学卒業後、就職して名古屋市内で一

90「種々御振舞御書」の一節。同書状は建治二年（一二七六年）、日蓮が五十五歳の時に安房国の弟子・光日尼に送ったもの。当該箇所の現代語訳は「一丈の幅の堀を越えられない者が、どうして十丈や二十丈もある堀を越えられるだろうか」との意味。

人暮らしを始めたが、仕事の悩みにぶつかり、精神的に追い込まれた。休みになると、部屋でぽつんと独りきり。心配した母が紹介してくれたのが、男子部の先輩だった。

入会すると、孤独な生活が一変した。平日はオンラインで会合に参加し、週末は豊橋に戻って、男子部の先輩と活動へ。「それまでは悩みを誰にも相談できなかったのに、何でも話せる人がたくさんできて」。会合への車中でも、先輩たちは、悩みの解決につながるような御書の一節や仏法の法理を教えてくれた。

谷さんが大好きな御文は、「桜梅桃李《おうばいとうり》の己々《ここ》の当体《とうたい》を改めずして」※91（新一〇九〇・全七八四ページ）。大渕さんに教えてもらったという。「人と比べるのではなく、自分らしく輝いていける。大渕君の体験を聞いて、僕も彼のように成長したいと思ったんです」

人生のどん底で見た笑顔

大渕さんは苦しい人生を生きてきた。高校生の時に母が急死。心の支えを失い、その後、うつ病に。高校を中退し、定時制高校でやり直そうと思ったが、「合格通知を見て、やっぱり無理だと思って」。

アルバイトを始めたり、精神科のデイケアや就労移行支援に通ったりもしたが、いつも途中で辞めてしまう。生きる意味も目的も分からない。命を絶とうとしたことも

91「御義口伝」の一節。「御義口伝」とは、日蓮が身延で法華経の要文を講義したものを、弟子の日興が筆録した書だと伝えられている。当該箇所の現代語訳は「桜は桜、梅は梅、桃は桃、李は李と、おのおのの当体を改めず」との意味。

あった。

バイト先で知り合った女性部員から仏法の話を聞いても、父が違う宗教にのめり込んでいたこともあり、最初は信じられなかった。それでも、「初めての会合で見た参加者の〝笑顔〟が忘れられなくて」。自ら入会を決めた。

「何でも相談してね」との先輩たちの言葉を試すように、「生きる意味は?」「なぜ祈りはかなうのか?」「人間革命※92とは何か?」と疑問を全てぶつけた。男子部の先輩たちは、納得できるまで話してくれた。

内藤善規さん（圏男子部書記長※93）は毎週、手紙に御書の一節を書き、大渕さんに届けた。

「内藤さんの手紙で知ったのが『桜梅桃李』の御文だったんです。こんなボロボロな僕でも、いつか自分らしい花を咲かせられるのかなって」

「言葉を育む」ということ

池田先生はつづっている。
「教学を教えることは、信心を教えることであり、人材を育成することである。そして、仏法の法理を、懸命に、懇切丁寧《こんせつていねい》に語り説いていくなかで、自然に、自身の生命もまた歓喜し、躍動してくるのである」（小説『新・人間革命』第24巻「厳護」の章）
取材を通して、教学の研さんは、ある意味で「言葉を育《はぐく》む」ことなのだと感じた。

92　創価学会の最重要の理念の一つ。自分自身の生命や境涯をよりよく変革し、人間として成長・向上していくこと。戸田城聖第二代会長が理念として示し、池田第三代会長が人生と信仰の指標として展開した。第二代会長、第三代会長はそれぞれ、この言葉をタイトルとした小説を執筆している。（⑮、㊲を参照）
93　圏における男子部の役職。

悩みにぶつかる中でつかむ「信じる言葉」。一人一人に「寄り添う言葉」。自分の今の気持ちを「表現する言葉」。それは、人生のどん底で希望を見いだす「生きるための言葉」になっていく。

九月の「キョーガクランド」には、楽しそうに参加する大渕さんの笑顔もあった。取材の最後に、大渕さんは語った。

「学会では、一つ一つ言葉で学ぶから、『これはこうなのか』と納得して整理できて、心が前を向ける。僕自身は言葉にするのが、まだまだ苦手ですが、こうやって、自分のことを語れるようになったのも、全て学会のおかげなんです」

信心への違和感

信心に違和感を覚えたのは中学生の頃だった。

大阪・城東区の比沢佳奈子さん（白ゆり長※94）は、学会員の家庭に生まれた。

「周りの友達はお題目を唱えてない。祈らなくたって普通に生きていけるんじゃ？」

――そんな気持ちが芽生え、学会と少しずつ距離を取るように。思春期ゆえの反発したい気持ちも手伝ってか、未来部※95の会合中、うつむいて携帯をいじってばかりいたこともある。

大学受験は第一志望に合格。祈ってくれた同志は口々に「功徳《くどく》やな」と。ただ内心では、自分の努力だって大きいと思っていた。

94　女性部の役職。ブロックにおける女性部の責任者。

95　少年少女部・中等部・高等部の会員からなるセクション。

学会への向き合い方が変わったのは、就職活動で悩んでいた時だったという。比沢さんの元に女子部（当時）の先輩が通ってくれた。

「その先輩は、同じ景色を見ても同じ物を食べても、私より感動したり、うれしそうだったり。信心に励む人は物事を豊かに感じているのかなと思ったんです」

私もそう生きたい！――比沢さんは自分から題目を唱えるようになり、会合にも参加。「絶対的幸福境涯」※96との言葉を知って、先輩の姿にも納得がいった。

「行くまではおっくうなんですけど、会合とかで話したり聞いたりすると、すごく元気をもらえるんですよね」

そんな比沢さんが驚いたのは、同世代が周囲に信仰を語ることだった。

「友達に信心の話をするなんて……。当時、そんな気持ちがあったんです。でも思えば、世の中には自分のことで精いっぱいの人が多いのに、他人の悩みに真剣に寄り添って、仏法を語っていく女子部の人たちは、ほんまにすごいなって」

経験したことのない感動

当時、比沢さんと同じ地域で活動に励んでいたのが野﨑里穂さん（池田華陽会区サブキャップ※97）、中村千穂さん（同）、野﨑花穂さん（同）の三姉妹。特に次女の千穂さんが幼い頃から素直に信心し、さまざまな体験を積んでいることに比沢さんは感心していた。

96　外の条件に左右されることのない幸福な境涯。どこにいても、また何があっても、生きていること自体が幸福である、楽しいという境涯をいう。相対的幸福に対する語。

97　池田華陽会の役職。

野崎家は近隣でも有名な〝学会一家〟である。

千穂さんは「親戚の悩みに寄り添い、泣き笑いしながら仏法の話をする父母を覚えています。笑顔を取り戻していく親戚を見て、子どもながらに折伏の喜びを知ったように思います」。

高校時代、不登校気味の友達が心配になり、題目を唱えると、〝何かしたい〟という気持ちが湧《わ》いた。毎日、授業の内容を書いたノートを届け、学校生活を伝えるアルバムを作成。やがて友達は徐々に学校に行けるように。心からの励ましに感謝した友達は、進学を機に自ら学会の一員になった。

友達が明るく変わっていく様子に、千穂さん自身も信心の確信を深めた。「両親が感じてきた喜びは、これなんだと知りました」

長女の野崎里穂さんも友人に弘教《ぐきょう》を実らせていた。

「よく近所の人から『学会員だから野崎さんの家は明るいね』って。どんな人にも〝お題目をあげよう〟と優しく語る父母のように、私も悩む友達がいたら、自然に信心の話をするようになりました」

ある時、中学時代の親友が子どもを突然死で亡くしてしまった。里穂さんは親友の元に駆け付け、共に泣き明かした。

〝どうしたら力になれるだろう〟と祈る中、親友を連れて学会の会合に参加するように。たくさんの学会員に会ってもらい、〝決して一人ではない〟と感じてほしかった。その真心に触れ、親友は「里穂を信じてやってみる」と入会した。

野﨑姉妹をはじめ、ありのままに仏法を語る同世代の姿に、比沢さんも勇気を出して少しずつ対話をするように。どう思われるか怖い気持ちもあったが、自分が学会員であることを伝えるところから挑戦した。

ある時、中学時代の友人から家族の問題を打ち明けられた。以前、同窓会の席で学会をちゃかしてきた友人だった。じっくりと耳を傾け、信心の話をした。

「学会に入るのが目的ではなくて、あなたが幸せになるのが目的だよ」との、学会の先輩の話に納得し、友人は入会。今、信仰の実感を語り合っている。

比沢さんは思う。「折伏は、自分の大切な人を本当に幸せにしていける。だから、今まで経験したことのないような感動が詰まっているんだと思います。勇気は要《い》りますけど（笑）」

そんな比沢さんに背中を押され、野﨑家の三女・花穂さんも弘教が実った。

「お題目をあげるたびに願いがかない、信心はすごいと感じていました。でも姉たちのように折伏はできないと思っていたんです」

比沢さんの「ありのまま、語ったらいいんだよ」との言葉に肩の力が抜け、信心を伝えてみたいと思えた。

対話した友人は信心に偏見がなく、やがて御本尊を受持することができた。

花穂さんは「信心していると、前向きに生きていける。つらい時に御本尊様がないなんて考えられへん。先輩のおかげで、その気持ちが伝えられました」と。友人と一緒に成長していきたいと笑顔を見せる。

自ら信仰を選んだ〝学会一世〟

では二世・三世ではなく、自ら信仰を選んだ〝学会一世〟の若者は、対話の実践をどう捉えているのか。福島区の男子部員に聞いた。

二〇一五年、新井正義さん（区副青年部長※98）の勧めで学会員となった男性の友人に、会うたびに愚痴《ぐち》をこぼす人がいた。公務員を目指して予備校に通っていた山下峻さんだ。

仕事に興味が持てず、派遣先でいじめられ、言うこと全てが後ろ向き——そんな山下さんの話に、新井さんら男子部の友はひたすら耳を傾けた。やがて皆で食事やフットサルによく行く間柄となった。

実は当時、山下さんにとって、学会の人は妙に明るくキラキラして〝苦手〟だったという。信心の話にも感じるものは何もなかった。

山下さんは学生時代から自身の信仰を持ち、悩みもそれで解決できると考えていた。自己啓発やマインドフルネスも並行して試したが、愚痴をこぼす日々は一年、二年と続いていった。

派遣先を転々としていた山下さんが、三重の四日市に滞在していた時のこと。ふと

98　組織単位の一つである区における青年部の役職。

「めっちゃしんどい」とＬＩＮＥに漏らした。

　すると新井さんたちが、すぐさま大阪から駆け付けてくれた。高速でも片道二時間はかかる距離だ。

「悩みを聞いてくれて、トンボ帰りでしたよ」と、山下さんが振り返る。「いろいろな人に愚痴を言ってきましたけど、普通は途中から面倒くさがられるんです。〝もうええわ〟って。親身に最後まで聞いてくれるのは学会の人くらい」

　それに比べると、当時の信仰では〝仕事みたいな人間関係だった〟と言葉を継《つ》ぐ。

「創価家族って、よく言いますけど、ほんと家族のように温かいなって」

　一九年二月、山下さんは学会に入会。翌年には男子部大学校※99に四期生として入校した。

「自分、何か変わりましたかね？」と口にする山下さんに、皆が「いやいや、めっちゃ変わったで！（笑）」。

　打ち解けるまでは〝驚くほどしゃべらない〟といわれた山下さんがギャグを言うようになり、周囲は目を見張る。会社の人間関係にも良い変化が。二二年五月には全国展開する企業に転職することもできた。

「今までは悲観的で、嫌なことで頭がいっぱい。何かあったら〝逃げる〟という選択肢しかなかったのが、そうじゃなくなった。悩みは変えられる〝煩悩即菩提※100〟の教えも気に入ってます」

99　二〇一八年に、それまでの「創価班大学校」「牙城会大学校」を統合して結成された男子部の人材育成グループ。「大学校」との略称で呼ばれることもある。学会活動の基本である「信・行・学（祈る・語る・学ぶ）」を磨く。卒校後、多くのメンバーは同じく男子部の人材育成グループである「創価班」（会合等の運営を担う）か「牙城会」（会館の警備を担う）に所属する。

100　仏教用語。「煩悩」に覆われている普通の人間であっても、南無妙法蓮華経を信じ実践することで、「菩提」（仏の智慧）が発揮できることを意味する言葉。

二二年十一月、任用試験※101を受ける山下さん。信仰の感動を率直に周囲に伝えていると、自然に折伏になるという。「うまく話せないし、教えも正直まだ分からないことが多いですが、学会の皆さんがしてくれたように自分もしたくて」とはにかむ。

「また功徳をもらった!」

男子部大学校には、山下さんのような新会員をはじめ、〝人生初〟の学会活動に挑戦する若者が多くいる。

期間は一年。二〇一八年の大学校一期から始まり、現在は七期の代となる。「祈る、語る、学ぶ」という「信・行・学※102」の実践を、先輩たちが二人三脚で基本から教えてくれる場だ。

福島区の大学校生にとって憩《いこ》いのひとときがある。会合後の雑談の時間だ。ある意味で、お互いに信心を始めた者同士。肩肘張らず他愛もない話を交わす中で、プライベートでも仲良くなるのが常という。折伏なども意欲的に実践し、一期生の半数が弘教を実らせた。そうして信仰を培《つちか》った先輩たちが、現在の七期生をサポートしている。

一期の大西良典さん（地区リーダー）と二期の平子晃司さん（同）は、気が合う二人。しかし、功徳の受け止め方は対照的だ。

大西さんは一六年に学会員に。掲げていた目標が一年間で全てかない、喜びを語る

101 ㊆を参照。

102 日蓮仏法の実践における三つの基本。「信」は仏の教えを信じて受け入れること。「行」は御本尊を信受したうえでの具体的な実践のこと。「学」は教学の研さん、正しい仏法の法理を学ぶこと。

中で友人を入会に導いた。念願だった美容師の夢もつかんだ。

一方、平子さんは学会員の家庭に生まれ、創価大学に進学。だが学生部※103の先輩が訪ねても門前払い。卒業後、大阪に戻り、先輩の情熱にほだされて大学校へ。「まだ功徳はないです」と言う。

大学校で会うたび、大西さんは「また功徳をもらった！」。その姿に平子さんは〝僕も実は功徳をいただいているのに、それに気付けないだけなのかな〟と、自問自答したりもする。

「自販機で〝777〟がそろって、ジュースが当たった時も、大西君は『折伏頑張ってるから、功徳や！』って。ちゃうやろ。もっと何かあるやろって（笑）」

目立つことが嫌いな平子さん。人に自分は学会員だと伝えるなんて、もってのほかだった。だが新会員でもある大西さんが「やっぱり〝自分教〟じゃあかんから」と、何事も信心で受け止めようとする姿勢に、平子さんも「自分の親が信じているものが、実際どんなものかは知っておきたい」と思い、折伏にも挑んだ。

初めての対話は「そもそも伝えたいものがなかったんです（笑）」。友人は入会したが、「信心の何が大切なのかを言い切れなかったのが逆につらくて」、教学の勉強にも身が入るようになった。

「でも振り返ると、仕事とかで〝これは無理〟って思った時も、〝帰って祈れば大丈夫やな〟とか、楽観的になれます。そう考えると、僕にも功徳はあるのかもしれませ

103　大学・短大・専門学校に通うメンバーのセクション。「男子学生部」と「女子学生部」からなる。

んね」

気負わず自然体な大西さんと平子さんに、後輩たちも本音で話せると信頼を寄せる。そうした語らいの時間が、とてもうれしいと微笑《ほほえ》む二人。あれこれ準備するのも楽しいし、その関わりの中に自身の学びもあるという。

飾る必要も盛る必要もない

今回の取材で、一人一人に「学会の魅力を一言で言うと？」と尋ねてみた。

ある青年は「〝圧倒的承認〟です」と。「どんなことも〝絶対、大丈夫だよ〟って返してくれるから。心が軽くなるんですよね」

確かに、身の周りの同志を改めて思い浮かべると、そこには自分をありのままに受け止めてくれる人がいる。飾る必要も盛る必要もなく、自分を肯定できる場所がある。それは学会員の多くが抱く実感だろう。

では、それを下支えしている価値観とは何か。

話を聞いた青年に共通していたのは、〝自分だけが幸せになれば良いというのではなく、悩む人と共にあろうとすること。その絆《きずな》は自分の人生をも豊かにしていく〟という実感だった。

それらは観念論でも思い込みでもなく、あくまで対話の実践を通して、自らの肌感覚で培われたものだ。

相手の悩みや苦しみを他人ごとで終わらせない。そんな生き方を、自分の悩みも弱さもさらけ出して等身大の言葉で伝える。その中で、互いに共感し、自身の成長を実感する。信仰の確信も育まれていく――。

その喜びと感動を裏付けるように、若者たちの声が明るく弾《はず》んでいた。

解説——開沼 博

「青年」の長期化

今回取材したのは、青年世代の創価学会員です。

そもそも、「青年」とは何か。この点に着目した社会学等の研究によれば、「青年」とは概《おおむ》ね、年齢の上限で言うと四十歳の手前まで。少年と、中年や壮年の間に挟まれた世代のこと。そして青年というのは、親や地域の庇護《ひご》の元にあった子どもが成長し、自ら稼《かせ》ぎ、家庭を持ち、職場や地域で責任ある立場に就く役割を期待されてきた概念でもありました。

ところが、「青年」という言葉があまり使われなくなってきている。例えば、かつては「青年の主張」というNHKの番組もありましたが、もうなくなって久しい。なぜか。

少子高齢化や晩婚化、非婚化も進む現代社会では、家族のあり方・働き方が多様化してきました。一つの会社で長く働くことが、当たり前ではなくなった。人生設計においても仕事のキャリアにおいても、〝四十歳までが一つの区切り〟という感覚は、薄れているわけです。

結果として、四十代や五十代の人たちの中にも「若者」っぽい人がいたりします。「青年」という概念で説明されてきたものが、「若者」という概念に置き換わり、もっと広い世代に対して使われるようになってきた。青年・若者の期間が、長期化してきていると言ってもよい。なぜそうなったのか。それは、現代の若者が「今は幸せ・満足」でありつつ、「未来に希望を持てない」から。「幸福」と「絶望」という、一見矛盾する二つの側面を同時に持ち合わせている若者の姿を、統計調査等から明らかにしたのが、二〇一一年に刊行された古市憲寿著『絶望の国の幸福な若者たち』です。

話題になって一〇年以上たちましたが、現在でも、まさにこのタイトルに、〝若者の今〟が集約されています。若者は、若者であり続けることを選ぶ。絶望的な未来よりも、幸福な現在が末永く続くほうが安泰《あんたい》だから。

かつての青年には、現在の「不幸」と未来への「希望」とがあった。つまり、〝貧・病・争〟といった分かりやすい悩みがあり、それを青年期に克服し、成長しながら中年や壮年になっていた。しかし、今はその構造が変わった。

物質的に豊かになり、当座の幸福は手に入った。でも、将来にもそれが続くのか、何か明るい未来が待っているのかというと、そういう希望を見いだせてはいない。必死に努力した先に何かリターンがあるようには思えない、そうであれば頑張る必要なんてない。そういうある種のニヒリズムが、まん延《えん》しやすい土壌もあるといえます。

この時代の変化は、「青年」世代の学会員にとっても例外ではないでしょう。若い学会員たちは、それぞれの地域で、どのような思いを抱きながら学会活動をしているのか。まずは愛知県で取材しました。〈一一二頁ルポを参照〉

分かりやすさの氾濫

情報過多の今日、メディアには「分かりやすさ」が氾濫《はんらん》しています。社会問題の一言解説と、視聴者のうっぷんを晴らすように何でも「論破《ろんぱ》」し続けることを得意とするコメンテーター。名著を手短に紹介してもらえると、自分の「哲学」をお手軽に持てた気にもなる。そういうコンテンツが人々の関心を引こうと、次から次へと目の前に差し出されてくる。

もちろん、それらは見聞きして勉強になるものではあります。ただ、例えば「人間とは」「人生とは」といった根源的な問いに、体系立った知を示してくれるのか。

そんな問いに答えるのが仏法だったと、大渕一平さんは語っていました。

大渕さんは、生きる意味をずっと探し求めてきた。そこに答えを与えてくれるのが仏法だった。メディアに流れる、分かりやすくて、日々の不満に刹那《せつな》的に留飲《りゅういん》を下げるのに都合の良い情報にはないものがここにある、と。テレビやYouTubeには、難しい話を分かりやすく説明してくれる情報があふれているが、「僕にとっては、教学のほうが真に迫っていて、分かりやすい」と語っていたのが印象的です。

「生きる意味とは？」「なぜ祈りはかなうのか？」。大渕さんは、どんな疑問も男子部の先輩にぶつけていったといいます。そして先輩たちは、御書を通して、納得できるまで話をしてくれた。メディアから一方的に流れてくる情報を、何かに急《せ》き立てられるように消費し続けては疲弊《ひへい》する若者の姿とは違った、インタラクティブ（双方向型）な学び合いがそこにはある。

大渕さんが、先輩に教わった「桜梅桃李の己々の当体を改めずして」（新一〇九〇ジペー・全七八四ジペー）という御書の一節を、自分が人を励ます際に語っていったという話は、教学が、個人にとっては血肉化し、学会組織においては人材育成の素地《そじ》になってきたことを物語っていました。

大渕さんの激励を受けた一人が谷俊太朗さんです。

谷さんは入会前から、勤行・唱題を実践し、母親と座談会にも参加するなど、信仰は身近にありました。それでも入会しなかったのは、ネットなどで、学会に関するネガティブな情報に触れていたことも影響したといいます。

一方、大学の文化人類学の授業で、宗教の価値を見直す瞬間もあった。かつては宗教などを基盤としながら至る所に存在していた、近所付き合いや相互扶助のネットワーク。それらが近代化とともに薄れていき、さまざまな社会問題を引き起こしている。学問的には基本的な話です。

ただ、普通の学生なら聞き流してもおかしくない、このような知識を得て、それを現代社会でも維持する機能が「創価学会にある」と気付いた。「親に連れられて」参加していた学会活動の意味を、理屈の上で捉え直したことが、入会への後押しになったというわけです。

学会二世・三世の活動をいかに活発にしていくかということは、近年の学会にとっても課題だと聞いてきましたが、その中で信仰を選び取っている若者の姿がこの二人から見えてきました。どんな若者でも持っていておかしくはない悩みや社会への眼差《まなざ》しが、そこにはありました。

〝満たされない時代〟に

社会学者の見田宗介《みたむねすけ》氏（一九三七～二〇二二年）が、『現代社会の理論』という書籍を一九九六年に刊行しています。そこで示された図式は、「モノの消費」と「コトの消費」の対比と言い表すことができます。

資本主義は、モノを消費したいという欲望を原動力に動きます。モノが足りないという不足感を埋めるべく、モノの生産を増やす。それを支えるべく科学技術も発展してきた。ところが、一定のところでモノの供給は過不足ない状態に至ります。例えば、食べ物がなくて餓死《がし》する人は、極限まで減ってきた。ただ、供給（生産）に対して需要（消費）が過少な状態、つまり、〝もうモノは必要ない〟という状態になると、モノの生産を増やせなくなり、資本主義は発展しなくなってしまう。

そこで人類は、デザインや広告といった、モノではない、情報（コト）を大量生産するという方向に舵《かじ》を切ってきた。「モノの消費」から「コトの消費」へと向かうことで資本主義は生きながらえ、新たな成長の原動力を得てきた。

同書が世に出た九六年は、今から二八年前。二五年から三〇年を一つの世代と考えれば、まさに現在の若者は、「コトの消費」を前提として生まれ育った人たちです。

「コトの消費」に基づく資本主義は、常に〝もっと情報を消費せよ〟と私たちに迫ります。いくら空腹でも、食事をし続ければ必ず満腹になります。つまり、モノの消費には限度があります。他方で情報の豊かさは、人々を満腹にはさせない。コトの消費は、私たちに「もう十分」という満足感をもたらすどころか、かえって、〝満たされない感覚〟を加速・増長させていくようにも見える。心のどこかに、むなしさを抱え、肥大化させながら生きる人々が生まれ続ける構造が、そこには存在するのです。

生きる意味や目的といった、「モノの消費」の時代には実感しやすかった価値を、「コトの消費」は満たしてはくれないらしい。では何が満たすのか。その一つの答えを、学会の活動や教学運動に見いだした若者たちの姿を、今回の取材では感じました。

オーダーメードの教学

取材で見えたのは、時代の流れを敏感に感じ、変化する学会の柔軟性です。

例えば、地域との距離感が縮まっているという側面がありました。中部の男子部では有志のメンバーで、地域の清掃に汗を流す活動を、各地で行っていると聞きました。もちろんこれまでも、災害時に会館を地域住民に開放するといったこともあったと思いますが、日常の中で学会員が何を考え、学会活動としてどんな実践をしているのか、可視化される機会は少ない。

その点、清掃活動のように、日常的に外部と内部の間に引かれた線を消していくような活動を、若者が中心となって継続していることに新鮮さを覚えました。皆が見えるところで良いことをしている集団がいること。これは、それを見た人や地域のあり方を変化させていくきっかけになっていくでしょう。

大渕さんや谷さんに関わり続けた内藤善規さんは、「自分を変えたいという強い思いを抱いて、学会活動に参加する人が多い」と語っていました。

内藤さん自身、昔から教学の研さんが好きだったといいます。彼のような、長く男子部で活動してきた世代の人たちは、御書を日常的に学ぶことを〝当たり前〟として受け止めてきたと聞きます。一方で内藤さんは、「昔と今とで、教学を研さんする精神は変わらなくとも、伝え方は変わりました」とも語っていました。

一言で言えば、より楽しく丁寧に伝える工夫が必要になってきたということでしょう。ルポでは、池田華陽会の「華陽カレッジ」、中部男子部の「キョーガクランド」といった、教学の取り組みが紹介されています。クイズなどを取り入れる。「アウトプットの教学」を意識して、活動のあらゆる場面で御書を語り、学んだばかりの御文を、今度は自分の言葉で人に伝えていく。

悩みや個性が多様化する今日にあって、試行錯誤しながら、一対一で相手に向き合う〝オーダーメードの教学〟が伝統となってきたことが、この柔軟な変化の背景にある。

二十一歳の小嶋泰河さんとその周囲の若者たちにも、その変化は魅力的に映っているのでしょう。

教学を学ぶことは、悩んでいる人の話に答える「引き出し」を増やすこと——小嶋さんのこの言葉には、説得力がありました。

何だって、多くの人に参入してもらうためには、なるべく敷居《しきい》を下げる必要があります。

「楽しく学ぶ」のもその一つ。ただ、「楽しく学ぶ」ことと「表面的に学んで終わらせる」こととは違います。重要なのは学んだ後に何が残り、どう次に・誰かのために生かすことができたのかということ。学びを普遍化するプロセスとも言えます。

その意味で、仕事が終わってから寝る間も惜しんで会合なり、家庭訪問なり、地域での実践的な活動をする人もいる学会の、その活動の根幹に、教学の研さんが置かれているというのは納得のいくものです。学びを普遍化するプロセスが、そこにはある。根っことなる理論を学び深め続けていくこの仕組みが、組織の持続可能性を担保してきたのではないか。

折伏や地域活動といった外部に開かれた実践をすれば、当然、学会の内実に触れる人は増え、あなたたちの活動に何の価値があるのかと問われます。そのときに、各々が仏法の本質をつかみ、自分の言葉で説明する対応力が、活動の拡大には不可欠だった。「内を固めて、外へ出る」仕組みがそこにはありました。

日常の中の信仰

これまで学会員の方々の話を伺う中で、「悩み」という言葉をよく聞いてきました。信仰の原動力に、その悩みとの対峙《たいじ》がある。現代的な悩みと正面から向き合いつつ、信仰を深める若者たちの姿を今回の大阪での取材で見ることができました。

近所でも有名な〝学会一家〟だという、野﨑家の三姉妹。

次女の千穂さんは、悩みを一つ一つ乗り越える中で信仰を深めたという。ただ、そこでいう悩みには、例えば「ニキビを治したい」というような、ともすれば他の人たちが悩みとも捉えないような小さな悩みまで含まれる。そういう些細《ささい》なことまで含めて、千穂さんは常に悩みに向き合い祈り続けてきたわけです。

悩み、祈り、解決する。それを繰り返すことがルーティンになっていった。すると、時にやってくる大きな悩みにも鷹揚《おうよう》に構えていられる。祈っても短期的には思い通りにならないことも当然あるが、それでも祈り切る。その先に得られるものがあるという感覚。これが信心の実践を支えているわけなんですね。

三女の花穂さんは、祈り抜いて高校受験に臨むも、第一志望は不合格。当初は〝なんでかなわないのか〟と戸惑《とまど》った。それでも御本尊に祈る中で、〝この高校に来て良かったと言える自分になろう〟と思えたといいます。いざ過ごした高校生活は、かけがえのない三年間だった。

「あの時祈り切ったからこそ感じられた充実感でした」と言っていたのが印象的でした。

姉妹が大事にするのは、両親に教わった「水の流れるような信心」。そこでは「悩んでいる」ということが、実践の原動力となっていました。

「学会員だから野崎さんの家は明るいね」。近所の人から、そうよく言われたという長女の里穂さん。両親のように、悩んでいる友人がいれば自然に信心の話をするという言葉が印象的でした。

アルバイト仲間から「里穂と話すと、愚痴もプラスに変わる」と言われたこともあるそうです。里穂さんは、悩みに直面したら徹底的に祈り切る。その中で、次なる行動の指針が見えてきたりもする。それは、いかに悩みに向き合い乗り越えるかという訓練や方法と表現してもよいかもしれない。現代的な悩みと宗教的な祈りとの、相互作用が垣間《かいま》見えました。

三姉妹と同じ地域で、共に学会活動に励んできたのが比沢佳奈子さんです。

幼い頃から勤行・唱題をしていたとはいえ、比沢さんにとって祈ることは〝すがる〟行為に似た感覚だったといいます。しかし今は、祈ることで知恵と勇気が湧《わ》いてくる。それが課題解決のための具体的な行動につながり、悩みの原因に向き合うことができるようになった。環境変革の主体者は自分自身であると捉えられるようになった根底に、教学があったといいます。

野﨑家の三姉妹も、比沢さんも、友人に弘教を実らせてきました。青年世代の女性がなぜ、入会に踏み切るのか。なぜ、生き生きと信仰に励むのか。

「信仰」と「悩み」という言葉を並べると、外部には、「人の悩みにつけこんで布教している」というような、ネガティブな連想をする人もいるかもしれません。ただ、何の悩みもない人はいないし、それを乗り越えるのがうまい人ばかりではない。でも皆、あたかも悩みなど持っていないかのように振る舞う。それを日常のルールとして、社会生活を営《いとな》んでいるようにも見えます。悩みを持つ人は非日常にしかいないかのように。

ただ、今回の取材で見たのは、信仰と日常がシームレスに（継ぎ目なく）つながっている様子でした。例えば里穂さんが、職場の朝礼のあいさつで聖教新聞に書かれていた記事を紹介したり、花穂さんが、友人と過ごしている日に一五分間だけ抜けて、女子部のメンバーに会いに行ったり。日常の中に信仰が息づくエピソードが、実に多様にあることが伝わってきました。

悩みの先にある価値

二〇二二年に実施された教学部任用試験（仏法入門）を、私も受験し勉強しましたが、実践だけ見ていては理解できなかった、学会員の言動の根本に触れられたように感じる瞬間がありました。例えば「自行化他※104」という話を知ると、学会員がなぜ折伏の実践を大事にしているかという感覚が分かる、というように。

外部の者からすれば、「折伏＝強引な勧誘」というイメージがあるかもしれません。一方、野﨑家の三姉妹や比沢さんは自然体で仏法を語り、「友人が学会に入ることではなく、幸せになるのが目的」という感覚を大事にして信心を勧めてきた。世間のイメージと学会員のリアルな感覚との溝は深いですが、その溝の幅、距離自体はそう遠くないのかもしれません。

男子部の新井正義さん、山下峻さんの取材では、折伏の〝リアル〟がより鮮明になりました。新井さんは積極的に折伏に励み、友人を入会に導いてきましたが、今も折伏には勇気がいるという。それは世間の宗教に対する偏見が気になるから、というわけではない。「相手の人生を背負う覚悟で語るから」だといいます。

営業マンとして働く新井さんは、明るい人柄で、話も上手。どんな相手を前にしても自分のペースに持ち込めるだろうし、信心を魅力的に伝えることも容易でしょう。その勢いでどんど

104　仏教用語。「自行」とは自身が仏道修行に励むこと。「化他」とは他の人々を教え導くこと。

ん折伏を実らせることも、できるかもしれません。ただ、そうすることには躊躇《ちゅうちょ》がある。「入会がゴールではなく、入会してからがスタートだから」と。

「悩み」がないと信仰しないのか。たしかに、山下さんが入会する動機の一つに、当時抱えていた悩みはありました。祈る中でそれを克服する経験もした。ただ、それで信仰への熱が冷めたわけではない。それには「悩みの先にある価値」が不可欠です。

山下さんは「自分を変えたかった」と語ります。ただ悩みを解決したいのではなく、自分を高めたい、より良い人生を歩みたいという願いがあった。人生の軸《じく》や生きる意味を見つけたい。それに信仰が応えてくれた。「心の弱い人が宗教にはまるんだ」というような通俗的な偏見を超えた信仰の価値が、どこにでもいるように見える若者に伝わったということでしょう。

興味深かったのは、今回会った方々から、活動に参加する理由として〝時間があるから〟とか〝一人でいるよりは〟という言葉が出たことです。

信仰の理由としては消極的にも聞こえます。でも、余った時間を何に使うか、常に決断を迫られるような空気に息苦しさを感じる若者のリアルが、そこには垣間見えます。

費用がかからない娯楽も、誰かとコミュニケーションをとっている感覚を得るためのツールも、さまざまに用意されている。しかし、そこに身を任《まか》せながらゆらゆらと時間を浪費し、なんとなく孤独感から逃げ続ける先に何があるのか。家族や仕事などのしがらみがまだ少ない世代にとっては、時間があって、一人でいる、それ自体が大きな悩みとして痛感されてもおかしくはない時代状況がある。

野﨑里穂さん（中央）、中村千穂さん姉妹　©Seikyo Shimbun

自分の軸を持ち、人や社会と関わる。そこに時間を費やす価値がある。生きることは「何に時間を使うか」の選択の連続です。〝いかに暇をつぶすか〟を考え続けているのが人間と言ってもよい。そこに学会がフィットした。そんな若者たちに出会ったのが今回の取材でした。

安心できる居場所

男子部大学校で信仰を学んできた大西良典さん（一期生）と平子晃司さん（二期生）も、自然体の若者で、明確な悩みがあるわけではなかった。

大西さんは入会直後から熱心に活動し、友人を入会に導きました。その姿に、かつては学会と距離を取っていた平子さんも、刺激を受けていった。平子さんが対話した友人も入会しましたが、平子さんは、信心の素晴らしさを自分の口で言い切れなかったことを反省し、教学の研さんに励むようになったといいます。

大西さんは信心の功徳を常に実感している。平子さんはそうでもない。捉え方は異なりますが、だからこそ互いに、自分を客観視する視点を得ているようにも見えました。

信心をしていなかったら、今どうなっていたか。大西さんは、「美容師になろうと思わなかったかもしれません」と、平子さんは、「自分を見つめることなく、なんとなく生きていたと思います」と答えてくれました。飾らない言葉で各々にとっての信仰の価値が表現されていました。

平子さんは、社会人になって、常に合理性を求められ、最短距離で話をするよう求められることに戸惑った。全てを聞いてくれる人はいなかったといいます。しかし、学会の先輩たちは違った。何に疑問をもっても「そうだよね」とうなずいてくれ、「全部聞くから」と向き合い続けてくれた。その中で得た感覚を、平子さんは「圧倒的承認」と表現していました。

学会の人間関係の中には、何を言っても否定されないという安心感、心理的安全性（自分の考えや気持ちを、誰に対してでも安心して発信できる状態のこと）が担保されていることが見えました。それが、学会活動以外も含めた個々人の創造性を開花させ、生きる充実感につながっている。

近代化以降、人間は、設定された目的に向かって、合理的に最短距離で進むべきという価値観、「目的合理性」を重視して生きることを強《し》いられてきました。

しかしそれだけでは、息苦しさを感じる瞬間も当然出てくる。この「息苦しさ」は、人や社会を苦しめる不合理なものとみることもできる。この不合理をいかに解消できるか。ドイツの社会学者であるハーバーマスは、「コミュニケーション的合理性」という概念を提示しました。目的合理性の対となる概念です。

人はコミュニケーションの中で、共有する価値を見いだしていく。そこにはあらかじめ定まった目的自体を問い直し、改善する機会が眠っている。このコミュニケーション的合理性も踏まえることで、目的合理性があらゆる価値観を占領しそうな現実を、揺るがすことができるわけです。

見た目も人当たりも普通の若者たち。時代の空気を最も敏感に察知する彼ら、彼女らが、創価学会の活動に熱心になるのは、なぜか。

目的合理性をベースにした強固な価値観に、常に迫られる社会に疲弊《ひへい》しつつも、人と人との対面・対話の中で、互いに認め合い、励まし合い、安心できる居場所を、いかに守り広げていくのか——そう葛藤しながら、コミュニケーション的合理性の回路につながり癒《いや》されつつ、成長していく姿がありました。

第5章

ルポ

沖縄に生きる

――悲劇の地を平和の砦へ

残された核ミサイルの発射台

沖縄有数のリゾート地として知られる恩納村《おんなそん》。サンゴ礁《しょう》が輝き、柔らかな海風がそよぐ。マリンレジャーを楽しむ人で、辺りはにぎわいを見せる。

高台に立つ沖縄研修道場※[105]に足を踏み入れると、そこには巨大なコンクリートの壁が。六角形のくぼみが、等間隔に八つ並んでいる。

この一つ一つが、かつてアメリカの核ミサイル「メースB」の発射口だった。米軍基地の跡地が整備され、沖縄研修道場が誕生したのである。

この地で生まれ育った宮里清要さん（県長※[106]）は、ミサイル発射口が残っていた当時の光景を今も鮮明に覚えている。両親は研修道場の管理人を務めていた。

「コンクリートむき出しの異様な廃墟で、いつになったら取り壊されるのだろうと、ずっと思っていました。重機でも、びくともしなくて。ここにあったという核ミサイルが、あわや発射寸前の状況だったとは、知る由もありませんでした」

105　創価学会には全国各地に会員が研修などを行うための「研修道場」がある。そのうちの沖縄・恩納村にあるもの。

106　壮年部の役職。県における壮年部の責任者。

メースBの射程は二四〇〇キロ。一発が広島型原爆の約七〇倍の威力である。沖縄全体に発射施設は四カ所あり、三二基ものメースBが配備されていた。

現存する発射台は、研修道場に残るのみである。

米ソの全面核戦争が危惧された六〇年前のキューバ危機では、メースBの発射命令が誤って出されたものの、現場指揮官の判断で発射されなかったことが、後に明らかとなった。

平和を考える原点の場所に

当初、研修道場の建設に際し、廃墟と化したミサイル発射台は撤去される計画だった。しかし、池田大作先生の発想は違っていた。

「基地の跡は永遠に残そう。『人類は、かつて戦争という愚《おろ》かなことをしたんだ』という、ひとつの証しとして。沖縄には、平和を考える原点の場所として、ひめゆりの塔もある。健児の塔もある。それとは別の意味で、日本はもちろん世界の平和を考える原点の場所としよう」

発射台の上には、六体のブロンズ像が設置され、一九八四年、「世界平和の碑」として新たに生まれ変わったのである。

「発射台が残されると聞いて驚きました」と、宮里さんは振り返る。

その後、研修道場では、学会主催で地域に開かれた〝恩納フェスティバル〟などが開催され、宮里さんもバンド仲間を誘って一緒に盛り上がった。皆、発射台跡に感嘆し、池田先生の平和への理念にうなずいた。

池田先生の研修道場訪問は一〇回を数える。沖縄の友との語らいの場であり、やがて世界の同志や海外の要人が相次いで訪れる、交流の舞台となっていく。

「毎年、先生のご来島が待ち遠しくて」と語るのは名嘉眞《なかま》ウメ子さん（県副女性部長[※107]）。先生と同志の間で交わされる、朗らかなやり取りを見つめてきた。

一九六〇年の沖縄初訪問以来、先生は同志の輪の中に入り、悩みに同苦し、共に喜び舞うのが常だった。語られる戦争の体験や苦闘の近況に耳を傾けながら、「最も苦しんだ人が、最も幸福になる権利がある」と励ましを送ってきた。

「この小さな村に世界中から人が集まるようになりました。恩納村も発展し、沖縄でも有数のリゾート地になっています」

名嘉眞さんは自治会や婦人会の友人と連れ立って、研修道場に足を運ぶ機会も多い。発射口跡の一つに平和展示が設けられている。

「思想や主義などが異なる人も、平和の尊さという一点で、この場所から踏み出していける。池田先生が〝ミサイルの発射基地〟を〝平和の発信地〟に変えてくださった重みを、月日とともに感じます。研修道場は、私たちの誇りであり、使命そのものなんです」

恩納村に隣接するうるま市に住む冨里悟さん（支部長）も、たくさんの友人を研修

107　県における女性部の役職。

道場へ案内してきた。

長年、地元の区の審議委員を務め、現在は委員長として奮闘する。率先して地域行事や清掃の企画・運営を担い、二〇一九年には自治会の研修会で沖縄研修道場へ。区長ら十数人の役員と、展示等を見て回った。

「景観や利便性を考えたら取り壊して当然なのに、よく残してくれた」「今では〝遺す〟という選択肢も思い浮かぶが、あの当時にそんな判断ができるとは」等々の声が聞かれた。

アメリカの資料公開で新事実が明らかになり、メディアで特集されるたび、研修道場への訪問者は増え、平和の起点として人と人がつながる場となっている。

一人一人が幸せになること

一九七二年五月十五日。

沖縄は二七年に及ぶ米国施政下から日本へ復帰した。

ドルから円に通貨が変更され、車両が右側通行から左側通行に変わるなど、県民の日常は一変した。

桃原《とうばる》正義さん（総県総主事※108）は「もちろん復帰は大きな喜びでした。本土へ行くのに、パスポートや身分証明書、検疫の必要もなくなりましたから」と述懐する。

生活の向上が望まれた一方で、本土との経済格差や米軍基地の存続など、期待と失

108　総県における壮年部の役職。

望が入り交じった。

〝核抜き本土並み〟という約束も、いつしかほごにされ、基地面積の割合も本土に比べ、徐々に増えていく。〝本土並みといっても、まやかしじゃないか〟。人々の心は引き裂かれ、不満は高まる一方だった。

「反対運動のデモなんかは、必ずといっていいほど負傷者が出たんです。石や火炎《かえん》瓶《びん》を投げたりして」と、桃原さんは回想する。騒動に巻き込まれ、頭を殴られて流血したこともあった。

経済も基地の問題も、全てが暮らしに影響する。だが、基地がなくなれば全てが解決するわけでもない。

社会の不満が募《つの》る中で、憎悪や暴力ではなく、いかに平和への思いを高めていくか――。「池田先生が初めて沖縄に来られて以来、沖縄の同志はそのことを一貫して教わってきました」と桃原さんは語る。

「創価学会の平和運動とは、人間一人一人が幸せになることです。だから先生は宿命転換を訴えられ、沖縄の一人一人を徹底して激励してくださったんです」

六四年十二月二日、池田先生は、この沖縄の地で、小説『人間革命』を起稿《きこう》した。冒頭には「戦争ほど、残酷なものはない。戦争ほど、悲惨なものはない」と。

ある折には〝あなたたちの悲願が喚起《かんき》せしめた、我が生命の叫びなのだ〟とつづり残している。

『人間革命』起稿のその日、学生部員だった桃原さんは先生と初めて出会う。沖縄本部（当時）での学生部員会の席上、先生は訴えた。

「沖縄の歴史は、悲惨であった。宿命の嵐のごとき歴史であった。だからこそ、ここから、幸福の風が吹かねばならない。平和の波が起こらねばならない」

先生の期待に応えるように、沖縄青年部は戦争体験の聞き取りや反戦出版への取り組みなどを通して、平和運動を推進していく。

桃原さんは言葉を継《つ》ぐ。「今や、沖縄の創価学会は平和推進の運動団体であるとの社会的認知が定着しています。その一歩一歩が、〝信心の戦い〟でした」

社会的にも政治的にも、人間の絆《きずな》が断ち切られる中で、学会の平和運動は、より深い次元で人間と人間を結ぶものだった。

学会活動が育む平和への思い

沖縄青年部はピースフォーラム※109や平和意識調査※110をはじめ、さまざまな活動に取り組んでいる。

証言集の継続的な出版とともに尽力してきたのが、戦争体験者に当時の過酷な様子を描いてもらう「沖縄戦の絵」の収集である。沖縄戦の写真のほとんどは米軍側が撮影したもので、沖縄の人々の側からの記録は皆無《かいむ》に等しかったからだ。

当初、数カ月たっても絵は一枚も集まらなかった。そこで戦争体験者を訪ねては平

109　沖縄青年部が平和運動の一環として開催してきた講演会。
110　沖縄青年部が県内の青年世代を対象に行っている平和に関する意識調査。

和継承を訴え、約七〇〇〇枚を集めることができた。

八五年に「沖縄戦の絵」展が始まり、全国を巡回。複製したパネルは、平和教育の資料として、県内の学校等で今も活用されている。

そして二〇二二年、新たにスタートしたのが、沖縄戦体験者への聞き取りをもとに制作した「沖縄戦の紙芝居」の貸し出しである。シナリオ作成と作画は、青年部の美里雄貴さん（男子部副部長※111）と、藤田毬音さん（県池田華陽会サブキャップ）が中心的に担《にな》った。

美里さんも藤田さんも平和祈念公園（糸満市）の近隣の出身で、幼い頃から平和への意識があった。二人は創価大学に進学。上京していた時、県外の人が六月二十三日の沖縄「慰霊の日」を知らないことに衝撃を受けた。

「修学旅行でたくさん来ているし、報道もされているのに」――戸惑《とまど》いつつも、藤田さんは伝え続けていく大切さを感じたという。

また美里さんは「残念ですけど、平和学習はどうしても受け身になってしまいがちです。私自身、展示を見聞きした後、感想欄を埋めることばかり考えていたこともありました」と。

紙芝居は二年をかけて作成。〝平和の大切さを実感してもらうために、どう伝え、どう描くべきか〟――繰り返し話し合い、沖縄戦を経験した婦人に何度も話を聞いた。完成した紙芝居は小学校等に貸し出され、高く評価されている。

111　支部における男子部の役職。

美里さんは「作成を通して、自分たちが一番の学びを得た」という。「誰かに伝えようとすることで初めて能動的に取り組むことができ、前よりも〝継承〟という実感が持てた」と。

さらに美里さんは語る。

「平和運動にはさまざまな形がありますが、自分の実感を通して戦争の悲惨さを知り、心から平和を願えるようになることが、一つの鍵ではないでしょうか。その主体的な意志は、〝人のために祈り、行動する〟信心の戦いの中で、大きく育《はぐく》まれるように感じます」

藤田さんも、日頃の学会活動を通して平和への思いを育んできた実感がある。自身が納得して取り組めるまで、足しげく通ってくれた未来部担当者※112や地域の学会員に感謝は尽きない。

一番苦しんだ人が一番幸せになれる

池田先生は記している。

「核も、戦争も、人の心から生まれた。ならば、まず人の一念の『発射の向き』を変えよ！　その逆転の作業を！　『碑』はその象徴である。人類史の悲劇が、この小さな島に集約された。ゆえに、人類史の転換を、この島から起こすのだ」

研修道場のミサイル発射台も、忌《い》まわしき戦争の記憶も、さらには戦後も続く分断

112　未来部員の育成を担当する壮年部員・女性部員・男子部員のこと。

の荒波も、沖縄の同志は自らの宿命転換※113の実践の中で使命の道へと変えてきた。その根底にあるのは、先生が沖縄でつづった「人間革命」の哲学である。「一番苦しんだ人が、一番幸せになれる」――その信念が自らの実感として強く息づいているからこそ、学会の平和運動は、大勢の人々の共感を得ながら、次代に引き継《つ》がれていく。

本気で沖縄の宿命を変えようとしている

池田先生が初めて沖縄を訪れたのは、一九六〇年七月。その手にはパスポートが握られていた。当時はアメリカ施政下である。

タラップから下り立つ先生を迎えた本山多津子さん（総県女性部主事※114）、久保田淑子さん（県女性部主事※115）は、先生の「もう大丈夫、もう幸せになるから」との一言を、今も鮮《あざ》やかに記憶する。

この折、沖縄支部の結成大会が開かれたが、集まった人々の足元は靴ではなくゴム草履《ぞうり》ばかり。まだ誰もが貧しかった。

大会翌日、先生は南部戦跡へ。県民のおよそ四人に一人が犠牲になった沖縄戦最後の激戦地である。

先生は、「ひめゆりの塔」でも、「沖縄師範健児之塔」でも題目を唱え、周囲の人々も唱和した。本山さんと久保田さんにとって衝撃だったのは、先生の朗々たる題目の

113 生まれながらにして定まって変えがたいと思われる運命であっても、正しい仏法の実践によって転換できることを表した言葉。

114 総県における女性部の役職。

115 県における女性部の役職。

響き、そして戦跡訪問の結びに健児之塔に向かって発せられた、「戦争の悲劇は繰り返させせない。皆さんの尊い犠牲は無駄にしません！」との言葉である。宣言ともいうべき、強い語調だった。

久保田さんは「この方は、本気で沖縄の宿命を変えようとしてくださっている」と感じたという。

池田先生が第三代会長に就任したのは、この年の五月。沖縄のほとんどの同志にとって、この時が初めて先生を目にする機会であり、その一挙手一投足から、先生の平和への魂《たましい》を胸に刻んだ。

久保田さんが那覇で空襲に遭ったのは七歳の時。とっさに飛び込んで息をひそめた墓穴の空気は、今も忘れられない。一家で山中を逃げるも、米軍にとらわれた。「薩摩にやられて、今度はアメリカにやられて……。なんでいつも沖縄ばかり苦しい思いをするんだろうって」、高校時代から復帰運動に身を投じた。進学で上京したが、言葉遣いなどで沖縄がさげすまれるのを何度も感じた。「〝貧乏の島〟って笑うけど、誰が貧乏にしたんだ！」と憤《いきどお》った。

十九歳で入会。「この信心をする人が増えたら、沖縄がばかにされない。沖縄の人たちが本当に幸せになれる」との一心だった。

一方の本山さんは七人きょうだいの長女。貧困にあえぎながら生きてきた。先生の「一番苦しんだ人が、一番幸せになる」との言葉を抱き締め、沖縄の初代女子部長※116

116　女子部（当時）の役職。

として広布の草創を担い立った。

「本土を守る」ために捨て石にされ、戦後も基地問題を背負わされた沖縄で「本土から来た宗教」を弘める――苦闘の道だった。

本山さんは「だからこそ沖縄は小説『人間革命』の冒頭に尽きるんです」と、思いをにじませる。

「戦争ほど、残酷なものはない。戦争ほど、悲惨なものはない」。小説『人間革命』が沖縄の地で書き始められた六四年十二月二日。

この日、本山さんは結婚の報告で先生の元を訪《たず》ねた。先生は心から喜び、門出《かどで》を祝福してくれた。

「あの時、『人間革命』を執筆されていたとは存じませんでした。沖縄で起稿されたことが明らかになったのは、だいぶ後になってのことでしたから」

本山さんは言葉を継ぐ。

「先生は、まだ日本に復帰もしていない沖縄を、『人間革命』起稿の地に決めておられた。沖縄の苦しみも、人々の嘆きも、全て知った上で、必ず宿命転換できると励ましてくださった。だから、生活は貧しかったけれど、〝世界一幸せ〟だと感じてきました」

体験を語れたのは「信心をしているから」

沖縄の友にとって、信仰と平和は不可分のものだ。

平良《たいら》節子さん（圏副女性部長※117）は、「語り部《べ》」として自らの戦争体験を伝える。学校や児童館での平和学習の一環となっている。

米軍の本土上陸を一日でも遅らせるため、県民は根こそぎ動員されて、戦場に送られた。〝この世の地獄を全て集めた〟ともいわれる地上戦である。

平良さんが体験を語る場で、とりわけ力のこもる場面がある。

――一九四四年、那覇を襲った「10・10空襲」。サイレンが鳴り響き、防空壕《ごう》に駆け込んだ時のこと。辺り一面は火の海と化し、焼け焦げた死体やケガ人が。「助けてー」「連れて行ってー」との叫びがこだまする中を、無我夢中で走った。那覇を焼け出され、歩いて一〇キロほど離れた南風原《はえばる》へ。ガマ（洞窟）にひそみ、ろうそくすらない生活が三カ月続いた。

ある日、ガマで赤子が泣き出した。日本兵は「あやしてくる」と、その子を抱き取って外へ。しかし、日本兵は一人で戻ってきた。

母親は日本兵に詰め寄り、気も狂わんばかりに赤子の名前を叫び続けていた――。

その光景は忘れようもない。そして、二度と思い出したくもないものだった。

胸に閉じ込めていた体験を語るようになったのは、「信心をしているから」と平良さんは言う。

一人親家庭で戦後も暮らしは厳しく、米軍の配給で食いつないだ。ずっと裸足《はだし》で、

117　圏における女性部の役職。

本土から引き揚げてきた家の子が靴を履いているのがうらやましかった。

　平良さんが信心に取り組んだきっかけは、重いぜんそくと腎臓炎《じんぞうえん》だった。病のため、子は望めないといわれ、結婚後も「何でそんな人が嫁に来たんだ」と周囲から罵《ば》倒《とう》された。義理の母に折伏され、学会活動に奔走する中で病気を克服。「祈りとして叶わざるなし※118」の確信を深めた。子宝にも恵まれ、今は孫一〇人に囲まれる。生き別れた父と二二年ぶりの再会を果たすこともでき、世界各地を旅行するまでに経済革命※119も成し遂げた。

「私はもともと無口。引っ込み思案で、よく人の後ろに隠れていました。それが信仰のおかげで、人前でもしゃべれるようになった」

　平良さんは戦争体験を伝える一方で、地域では民生委員や警察補導員としても尽力してきた。

「昔は〝自分の子さえよければ〟と思っていたのが、いつの頃からか、子どもたちをたまり場から連れてきては、食事を作って諭《さと》してあげて――。子どもたちのためならと、何でもさせてもらってます。もし信心していなかったら、余計なことと思って、やらなかったかもしれません」

　平良さんの部屋には、子どもたちから寄せられた感謝のハガキや手紙の山が。一つ一つが宝物と、笑顔をにじませる。

118　大石寺第二六世の法主である日寛（一六六五年―一七二六年）の「祈りとして叶わざるなく」（『観心本尊抄文段』）から引用された言葉。日寛は、日蓮の御書の注釈書である「文段」、法門を整理し体系化した『六巻抄』などを著し、教学を振興した。

119　経済苦を克服すること。

暴力に屈せぬ文化の力を

「平和のために、〝沖縄の心〟を伝えるために、戦争体験の証言集を残してほしい」

——一九七四年二月、名護会館※120（当時）で池田先生は沖縄の中高生に語った。

当時、高校一年生の外間純子さん（県副女性部長）は、提案にうなずき、その場で参加を決めた。

戦争体験の聞き取りは、取材できる人を探すことから始まった。なかなかインタビューに応じてくれる人が見つからず、やっと見つかったのは伊江島の人。学会員ではないが快《こころよ》い返事をもらえ、泊まりがけで聞き取りに向かった。

外間さんの両親には、沖縄戦での捕虜《ほりょ》経験がある。父から折々に話を聞いていたこともあり、外間さんにとって、戦争というと壮絶な南部戦線の印象があった。だが取材した北部にも、そして沖縄のどの地にも、言葉に尽くせない辛苦《しんく》があることを突き付けられた。

当時、戦争経験者はまだ若く、人によっては戦時中の人間関係が継続していた。沖縄戦では、住民同士のスパイ行為や密告が、日本兵による粛清《しゅくせい》にもつながっている。戦争のことは何一つ思い出したくないと、口を閉ざして当然だった。

二度と戦争をさせないために、自分ができることを考えて祈り、体験を集める——。証言集の一文一文は、どれもが真摯《しんし》な祈りと信頼の上に紡《つむ》がれた結晶である。

120　沖縄・名護市にかつてあった創価学会の会館。

沖縄青年部は丸二年をかけて体験を収集し、沖縄戦終結の日である七四年の六月二十三日、『打ち砕かれしうるま島』を発刊していた。続いて外間さんら中高生による聞き取りを収録した『血に染まるかりゆしの海』が、七六年六月二十三日に刊行。この反戦出版は沖縄を第一号として、日本全国で一〇〇冊を超えるシリーズとなっていく。

外間さんの原点は、小説『人間革命』をはじめとする池田先生の著作である。特に沖縄人の気質や文化を掘り下げる著述《ちょじゅつ》に、沖縄に脈打つ平和の魂を学んだ。

例えば、本土では床の間に刀などを飾るが、沖縄では三線《さんしん》を飾る伝統がある。先生は、そうした背景に触れながら、「人間を分断する『武器』ではなく、人間を融合させゆく『楽器』を大切にして、『暴力』に屈せぬ『文化の力』を重んじてきたのが、沖縄の生き方である」（「沖縄タイムス」二〇〇三年十二月二日付の寄稿）等と折々につづってきた。

「沖縄に生きる自信と誇りに気付かせてもらえた」と、外間さんは振り返る。

明治から戦後にかけて、沖縄では「標準語励行《れいこう》」が掲げられた。外間さんも、方言を使うと罰せられた世代である。「特に私たちの先輩は、本土に就職や進学したものの、言葉や差別の壁が厚くて挫折《ざせつ》したという話をよく耳にしました。沖縄に自信が持てなかった。でも先生のおかげで、沖縄にどんどん自信が持てた。これで救われた人、立ち上がれた人は多かったはずです。沖縄に限らず、どんな地域の人にとって

も、一番良い部分を引き出してくれるのが池田先生なんだと思います」

外間さんはこうも言う。

「社会や制度が変われば民衆は救われるのかといえば、それは違う。一人一人の宿命や悩みを救えなければ、本当の意味での平和とはいえない。私が頑張れるのは、広宣流布の活動全てが平和に直結していると感じられるから」

「命《ぬち》どぅ宝（命こそ宝）」や「イチャリバチョーデー（行き会えば、皆、きょうだい）」といった言葉に象徴される〝沖縄の心〟も、人の悩みと共にある中で、真価が発揮されると確信する。

二〇一九年、外間さんは、未来部員の戦争体験の聞き取り活動を支える側になった。それは証言集『私がつなぐ沖縄のククル（心）』として、二〇二〇年に発刊された。

池田先生の沖縄への思いは一貫して変わらない。

「一番苦しんだところが一番幸せになる権利がある。これが仏法の慈悲の精神である。ゆえに、沖縄にこそ、最高の『平和の楽土』を、『幸の都《みやこ》』を築かねばならない。築きたい。そして沖縄の人々こそが、誰よりも幸せになっていただきたい。そのためには何でもして差し上げたい」

「『沖縄の心』を時代精神に高めた時、平和な社会が訪れる」

この先生の信念と激励に応え、わが人間革命に生き抜く中で、沖縄の友は、自らの平和の使命をも自覚し、自身の役割を果たしながら、次の世代へと伝えていた。

いかなる時も自他共の幸福※121を願い、人と人とを結びゆく実践に、「沖縄の心」はより輝きを増し、平和の広がりと継承に確かな力をもたらしている。

チャンプルー文化で〝違い〟を受け入れる

コロナ禍前の二〇一七年、沖縄県の観光客数はハワイと肩を並べ、一八年には一〇〇〇万人を突破した。

「自分にとって、沖縄は憧《あこが》れの地でした」と語るのは、本土復帰後の一九七五年に生まれた玉城佳次さん（支部長）。

小学五年まで育った沖縄に帰りたいと願い、十九歳で京都から沖縄本島中部の沖縄市（旧・コザ市）に戻ってきた。

「沖縄の人は本当に温かい人が多くて、私をすぐに受け入れてくれました」

知り合いのいない中、地元の青年会に飛び込み、エイサー祭りなどでも交流を広げてきた。

玉城さんの祖父は沖縄の基地に配属された米兵だった。沖縄に戻ってきたばかりの頃、彫りの深い玉城さんの顔を見た見知らぬ人から「ヤナ（嫌な）アメリカー」と暴言を吐かれたことがある。おそらく戦争を経験したであろう高齢の人だった。

「そういうふうに言う人もいるんだなと驚くのと同時に、沖縄のことをもっと深く知らなければと思いました」

121　創価学会の最重要の理念の一つ。③を参照。

七二年五月十五日に本土復帰するまで、沖縄は戦後、米国の施政下にあった。本土のような日本国憲法の適用はなく、人権はないがしろにされた。

沖縄戦が終わった後も、強制的な土地接収や米軍基地の拡張、米兵による事件・事故も後を絶たなかった。

過酷な状況に県民の怒りが爆発した七〇年十二月の「コザ騒動」。約四〇〇〇人が群衆となり、八八人が負傷。米軍関係車両八二台が焼かれた。

県民の願いであった「核抜き・本土並み」で日米両政府が合意し、沖縄は本土復帰に沸いた。しかし、実際は、基地負担が減ることはなく、高度経済成長を謳歌《おうか》する本土との所得の差も広がったまま。荒波に漂う船のように、県民の思いは揺れ続けた。

花城初子さん（県女性部総主事※122）はコザ騒動の前年、創価学会に入会した。

「子どもの頃から自分は世界一不幸だと思っていました。母が再婚した義父の酒乱に悩まされ、中学生の時は自殺すら考えていた」

近所の人からは「就職したら、あなたは家から逃げなさい」と言われたが、下三人のきょうだいが心配だった。給料が高い米軍基地の仕事に就き、家計を支えた。宿命転換を願い、入会したが、義父に激しく反対された。

それでも信心を貫いていた七二年一月、花城さんはコザを訪れた池田先生と出会いを結んだ。

「『女子部は幸せになりなさい』との先生の言葉を聞いて、〝私も幸せになっていい

122　県における女性部の役職。

んだ〟と初めて思えたんです。あの日から、私は先生を父とも思って生きてきました」

コザで生まれ育った比嘉仲雄さん（県副総合長※123）は〝信心は勇気をもって、強気でいこう〟と沖縄研修道場で語った池田先生の姿が忘れられないという。「〝弱気になったら、かつてと同じ道に戻る。沖縄は強き連帯で『永遠平和の象徴の道』を築いていける〟と、すごい気迫でした」

比嘉さんは一歳の時に、父を亡くした。働いていた米軍基地内の爆発事故に巻き込まれたのだ。その後、母は基地内でメイドとして働き、子どもを育てた。

父を奪ったのも、自分を育ててくれたのも基地。学校には、米軍人の父を持つ同級生も多く、ファミリーでの交流もあった。だが、当時は「アメリカ軍は嫌いだけど、アメリカ人は好き。どこか曖昧《あいまい》だった」。

それが学会に入会し、変わった。「現実を否定するのではなく、自分が強くなり、国土をも変えていく。人間革命の哲学が私には必要だったんです」

コザの街は戦後、米軍基地の整備とともに沖縄全土、日本本土からも人が集まってきた。テーラー（紳士服の仕立屋）を営むインド人や、フィリピンや台湾の人も多く、多民族文化が融合するチャンプルー文化の街ともいわれる。

比嘉さんは「単なるミックス、混ぜ合わせの文化ではありません。私は、全てを受け入れ、『価値を創造する文化』だと思っています」と。定年退職後、ＮＰＯ法人を

123　県における壮年部の役職。

立ち上げ、商売を始めたいという若者に場を提供するなど、新たな街づくりに取り組む。

花城さんは地元婦人会の会長を務め、沖縄初の子ども食堂の開所の準備や運営にも携《たずさ》わってきた。

「沖縄も都市部では人のつながりが弱くて、貧困の実態は昔よりも見えにくく複雑です。行動を起こさなければ、救える人も救えない。学会員は昔も今も、沖縄社会の現実の課題に立ち向かっています」

花城さんは、あの日の師匠の言葉が今も胸から離れない。「先生と出会って、私は強くなれたんです」

どんなに批判されても、一歩も引かなかった。「学会のことを知らないから悪口を言う。だったら知ってもらえるように振る舞いで示してきました」

玉城佳次さんは沖縄に戻って今年で二八年。経済苦や家庭不和など、悩みは多かった。「それでも負けずに立ち向かうのが沖縄の学会員です」と、中学のＰＴＡ会長を長年務めるなど、地域に尽くしてきた。

池田先生は「沖縄を『世界で最初の広宣流布の地帯』に」と語った。また、折に触れ、万国津梁《しんりょう》（世界の架け橋）を築く、沖縄の使命を確認してきた。

玉城さんは言う。「今、先生が言われた通りの沖縄に向かっている。那覇空港が国際物流ハブ（集積拠点）化された時は鳥肌が立ちました」

名護市の久志《くし》地域。仲嶺太斗さん（男子部本部長）、太輝さん（男子部部長）兄弟が住む地域には、米軍基地の高いフェンスが連なる。「こんなに近くに住んでいるのに、以前は基地のことを深く考えたことはなかった」と声を合わせる。

兄弟共に十代の頃は、荒れた生活を送った。金さえあればよく、特に将来のことなど考えない。成人式では、派手な服装で酒を飲む。そんな若者だった。

学会員の父・眞宏さん（地区部長）から信心の話をされても、「家は裕福でもないし、宗教をやっている意味が理解できなかった」と。

先に発心※124したのは弟の太輝さんだった。父が営む造園業を手伝いながらも、「何のために生きているのか、充実感が全くなかった」という太輝さん。

しかし、男子部の活動に励み始める中で、言動は明らかに変わった。何気ない一言にも、思いやりがあふれた。弟の変化に、兄の太斗さんは「学会のことを教えてくれ」と懇願《こんがん》する。

友人関係に悩み、苦しくて周囲に八つ当たりしている時だった。太輝さんに連れられて参加した会合で、「人のことを祈れる人が幸せになる」との池田先生の言葉に衝撃を受けた。

「俺は、自分のことで精いっぱいなのに、人のために祈る学会の人たちは、やべえって、正直思った」。その日、家に帰っても、なかなか寝付けなかった。〝俺も人のために生きたい〟。感動で涙があふれた。次の日から、職場で自分から元気にあいさ

124　仏教用語。覚りを求める心を起こすこと。

つするようになった。

太斗さんも太輝さんも、学会活動に励むようになってから、「基地に対する捉え方が変わった」という。

学会員は毎日、勤行・唱題し、世界の平和を祈る。「現実にある基地を見つめながら、自分にできる平和とは何かを考えるようになりました」

今、仲嶺兄弟は、地域の人たちのために、とことん尽くす父の偉大さを感じている。高齢化が進んだ集落で、頼まれればすぐに病院に連れていく。買い物や屋根の修理も手伝う。

「父のようには、まだまだなれません。すごいなと思います」という太斗さんも、地域の青年会やPTA、消防団でも活躍する。

池田先生はつづっている。「平和とは、単に戦争がない状態をいうのではなく、人と人とが信頼に結ばれ、生の歓喜と躍動《やくどう》、希望に満ちあふれていなければならない。なぜなら、それこそが憎悪と死の恐怖に怯《おび》える戦争の対極に立つものであるからだ」（『新・人間革命』第14巻「使命」の章）

平和の原点は、どこまでも一人の人間にある。悩む人を蘇生《そせい》させ、孤立した人を包んでいく。そうした仏法の実践の一歩一歩が世界平和につながっていく。

解説——開沼 博

世代を越えた平和運動

太平洋戦争で悲惨な地上戦が繰り広げられた沖縄。本土の「捨て石」にされた拭《ぬぐ》いがたい記憶がある一方、終戦から七九年がたち、当時を知る人たちも少なくなる中で、いかに歴史を語り伝えていくかは日本社会全体の課題です。

伝承活動の一つとして、資料館や博物館といった公的な施設がありますが、公的に残されていく資料はどうしても、政治に目配《めくば》せしたり、世間で主流の議論に乗ったりして、人類や無数の人々が主語になるような「大きな言葉」で語られるものが中心になります。

しかし、そこから漏れていく、一人の具体的な人が主語になる「小さな言葉」にこそ、よりリアリティーが表現される。「小さな言葉」を残す草の根の伝承活動が、「大きな言葉」を残す活動とセットになってはじめて、血の通った歴史が次世代に語り継がれていきます。

戦争の記憶を継承しようという草の根の試みは、これまでもさまざまな人によってなされてきました。ただ、それを組織的に継続するのは難しい。その点、創価学会が世代を超えて平和運動を継承していることを再確認できたのが、今回の沖縄取材でした。〈一四六頁ルポを参照〉

沖縄研修道場（恩納村）では、かつての米軍核ミサイル「メースB」の発射台が、池田大作第三代会長の提案で、「世界平和の碑」に生まれ変わった歴史を学びました。メースBは、以前は沖縄本島の四カ所に配備されていました。しかし、その遺構が、現存するのは研修道場のみ。その意義は近年、マスコミからも注目を浴び、一目見ようと、学会員ではない人たちも訪れるようになっている。宮里清要さんや名嘉眞ウメ子さんは、その歴史を目撃し続けてきました。

発射口跡の内部には展示が設けられており、平和の尊さを訴える内容になっていました。ここを学会員とは思想や主張が異なる人も多く訪れる。「平和の尊さという一点で、この場所から踏み出していける」と名嘉眞さんが語っていたのが印象的です。

研修道場では、「沖縄戦の絵」展も見学しました。

庶民の目から見た戦争の様子を、これほど多く集め、戦争のリアリティーを表現してきた活動は貴重です。そして二〇二二年、戦争体験者への聞き取りをもとに制作した「沖縄戦の紙芝居」の貸し出しも新たに始まった。その中心にいるのが、美里雄貴さんをはじめとする青年たちでした。

若い世代にも戦争の記憶を継承することは社会全体の課題ですが、学会の平和運動が今日まで継続してきたのは、そのフォーマット（形式・構成）が、多くの人にとって参入しやすく、負担も少ないという点で持続可能なものになっているからでしょう。

美里さんたちは、紙芝居の完成に二年かかった。それは、平和への思いが薄かったからではない。日々の仕事や学会活動などの〝合間《あいま》〟を縫《ぬ》って作業をしてきた、と。つまり、その間もずっと、思いを持続してきたということです。燃え上がっては消える、一過性の熱狂的な活動ではない。

個人の中においても、学会の組織においても、運動が日常の中に取り込まれている。だからこそ持続できる。これは、この連載で見てきた、学会員が地域の自治活動に積極的に関わっていくような姿勢にも通底《つうてい》します。そうした中で、絵の展示や紙芝居、平和意識調査、証言集の出版といった多くの活動が、長きにわたって継続されてきたわけです。

「沖縄戦の絵」展は全国を巡回し、平和教育の資料として、県内の学校等で今も活用されていると伺いました。草の根の伝承活動を進め、それが社会に広く還元されていく。東日本大震災の被災地でも、そうした学会の活動が見られます。日々の活動の「持続可能性」は、各地の組織に共通していると実感しました。

喧嘩よりも対話

沖縄が二七年に及ぶ米国施政下から日本に復帰したのは、五二年前の一九七二年五月。生活の向上が望まれましたが、本土との経済格差や米軍基地の存続など、県民の不満は高まる一方だった。〝反対運動のデモでは、必ずといっていいほど負傷者が出た〟と、桃原正義さんがルポの中で語っています。

桃原さん自身も騒動に巻き込まれ、頭を殴られて流血したこともあった。警察とデモ隊が衝突し、それぞれにけが人が出た。病院に行くと、学生と警察とが並んで順番待ちしていた。同じ場所で治療を受けているその光景を前に、〝これが平和運動といえるのか〟〝自分たちがやるべきことは、デモではなく、対話だ〟と痛感したといいます。そして、学会の折伏とは喧《けん》嘩《か》ではなく対話だと、改めてその価値を感じたともいう。対話によって社会を変革するという発想が、学会の平和運動の根幹にあることが分かりました。

「対話が大事」という考えそれ自体に、目新しさはないかもしれません。しかし、それを実践することは難しい。「対話が大事」「分断を助長するな」と言っている人こそが、独善的に他者を糾弾《きゅうだん》し、人々を極端な方向に煽動《せんどう》したりする光景は、近年、さまざまに見られるようにも思います。

特に沖縄にあっては、米軍基地を巡る問題が、人々を分断する要因であり続けてきました。桃原さん自身、期待と失望を、身をもって感じてきた。

その桃原さんが、基地をなくせと叫んで熱狂の中で暴力でぶつかり合い、疲弊《ひへい》する方法ではなく、平和への思いを引き出す対話が大切であると語っていた。そして桃原さん自身が、学会の平和運動を推進する一人となって、その思いを次の世代へと継承していったわけです。

「答えなき問い」に向き合う

基地問題が抱える葛藤《かっとう》。それを巡る世論を、政治・メディアは「熱狂」としての側面を中心に捉えてきた部分がある。それ自体に、一定の意義はあったのでしょう。

しかし、それに戸惑い、翻弄《ほんろう》されてきた人々の姿が不可視化されてきたことにも、改めて気づかされました。「熱狂」を描くだけでは見えてこない、そこからこぼれ落ちる人々の姿や思い、そこに向き合う学会員の姿が今回見えました。

熱狂は、理解し合えない相手やその価値観を強く否定する行動を呼びやすい。「ダイバーシティー（多様性）」「インクルージョン（包摂《ほうせつ》）」といった言葉は、現代社会のキーワードであり理想的理念でもありますが、熱狂の渦《うず》に巻き込まれた途端に、そうした価値観は最優先のものでは無くなりかねない。

熱狂のど真ん中にいながらも、異なる価値観を視野に入れつつ問題に向き合う姿勢を取り続けられるか。それが、まさに沖縄の学会員の挑戦だったと感じました。学ぶことが多く、また率直に、尊敬の念を抱いた取材になりました。

名護市の仲嶺太斗さん・太輝さん兄弟と父の眞宏さんは、米軍基地の移設が進む辺野古で、地域の課題に向き合っていました。

もともとある米軍基地と隣り合わせで生活する辺野古の方たち。親子が住む地域にも高いフェンスが連なっています。ただ、太斗さんにとっても太輝さんにとっても、基地は生まれた時から、すぐそこにあるものでしかなかった。基地を巡る葛藤にも、興味がなかった。それは地方で暮らす若者の感覚として自然なことだとも思います。しかし、信仰に励むようになり、朝晩の勤行・唱題の中で世界の平和を祈念《きねん》する中で、自分にできることは何かを考えるようになった、と。

二人は地元で生まれ育った者として、「基地反対」と大きな声を張り上げる人の気持ちも分かると言います。だから決してその人たちを否定しない。一方で、「基地反対」と叫ぶだけでは、地域は良くならないという感覚も持っている。

地域の行事に参加してくれた基地関係者は、温かい人たちだった。飲み屋で出くわした米兵と、腕相撲をして盛り上がったこともある。それでも基地は無ければ無いほうが良い。現実に基地が存在してきたことを前提に、一言でこうすべきと割り切れない現場に生き続ける立場から、身近な課題と地域の未来をもっと見つめていくべきだと、二人は語ってくれました。

辺野古集落（区）には一一の班があり、第一一班は米軍基地のキャンプ・シュワブにあたります。運動会やハロウィーン等の行事をはじめ、区内では、米兵との交流が盛んに行われているといいます。「辺野古というと基地の話ばかりで、そうした交流の様子がほとんど取り上げられない」と、眞宏さんが実感を込めて語っていたのも印象的でした。

すぐには白黒つけられない、答えの出ない問題が、現代社会にはあふれています。これは基地問題に限りません。にもかかわらず、「分かりやすい対立の構図」が煽《あお》られ、単純化された「悪者」や「正義」が可視化されていく。

そして現代の政治・メディアは、誰もが情報の受発信の主体となることを強《し》いてくる。熱狂を煽り、自らも熱狂させられてしまう。その連鎖の構造が、現代社会の焦燥《しょうそう》感と閉塞《へいそく》感を増幅《ぞうふく》しています。そこから抜け出すために必要なのは、「答えなき問いに向き合い続ける力」です。

沖縄の基地問題以外にも、例えば、この一〇年程を振り返れば、原発、特定秘密保護法、平和安全法制、あるいは、コロナ禍の中でのワクチン接種等々を巡る議論、また、米国での議会議事堂襲撃事件など海外の動きも含めて、人々の熱狂が断続的にスポットライトを浴び続ける日々がありました。熱狂が世界を救い、そこに乗らなければ世界が破滅でもするかのような、センセーショナルな言説がそれを後押しし続けてきた。

しかし、問われるべき問題の根本に何か変化はあったのか。「分かりやすい」答えが出たのか。時間と、持続可能性のないエネルギーを消費しながら、〝焼畑《やきはた》農業〟のように、次々とテーマを変えながら白黒つかない何かに、あたかも白黒つけられるかのように熱狂することだけが、目的化しています。そして熱狂から醒《さ》めたら、まだ残っている問題を、皆で見て見ぬふりしている。

そうした態度の対極にあるのが、熱狂に揺るがず、まっすぐにそこに生きる人々の姿を見つめながら、少しずつ現実を変えようとする姿勢であり、それが学会員に共有されている部分が確実にあることを感じました。「現実にある基地を見つめながら、自分にできる平和とは何かを考える」。仲嶺さん親子の言葉が象徴的です。

では、その現実変革の方途とは何か。桃原さんが、日々の勤行・唱題、学会活動、そして折伏・対話であると明確に整理してくれたのが印象的でした。

答えなき問いを目の前にして熱狂し、疲れて、諦《あきら》めて目をそらすのではなく、祈るという実践を通して他者に思いをはせていく。目の前の人の悩みを聞き、地域の課題を少しずつ変革すべく政治にも働きかける。その全ての根本は祈りにあるというのは、今回取材した人たちが、口々に語っていたことでもあります。

熱狂の渦にのみ込まれることなく、持続され、継承されている、学会員の平和への思いと行動。その原動力は、祈り、人と会い、励ますといった、日常的な信仰の実践にあることを再確認できました。

遠く大きな目標

米軍基地を巡る問題をはじめ、人々の意見を二分する問題が起こるたびに、多くの人は熱狂します。この熱狂の渦にのみ込まれ、疲弊し続ける人々も少なくありません。

その一方で、日常の中にある問題を正面から見つめ、地域、世界を良くするために、日々の信仰と社会活動を継続している姿を、沖縄の学会員に見ることができました。

とはいえ、実際に課題を前にしているときには、さまざまな悩み、葛藤があるはずです。そうした葛藤を、どのように調和に変え、皆で前に進むための力へと変換しているのだろうかと考えながら、取材を続けました。

その中で見えてきたのは、目の前ではなく、もっと遠いところに、共通の目標を定めているということです。例えば、学会員は、「世界平和のため」「地域の繁栄のため」「一人一人の幸せのため」と祈る。それは遠く大きな目標であり、時空間を超えて共有されています。

これがあると、目の前の問題について亀裂が生まれたとしても、〝ちょっと待て、私たちが最終的に至りたいのはあそこだよね〟と確認し合える。その場で自分の主義や主張を押し通すよりも、もっと大事な共通の目標のために、今すべきことが整理されていく。そのゴールがぶれないからこそ、今の葛藤は道の途中だと捉えられるわけです。

強く推進、強く反対と、白か黒かに二分して、絶対的な正解を出して問題を性急に解決しようとするのではない。遠くにある共通の目標を意識しつつ、今は「とりあえずの答え」を出し、微修正をかけながら、前に進み続けていく態度です。その中で、合意形成が難しそうな問題を前にしても、冷静に、他者に寛容《かんよう》であり続けられる。この姿勢こそ、現代社会に希薄《きはく》になっているものかもしれません。

顔が見える距離感で

かつてのコザ市（現・沖縄市）は、戦後、米軍基地の門前町《もんぜんまち》として興隆《こうりゅう》しました。沖縄全土、日本本土から人が集まり、海外の人たちも多く住む、多民族融合の街です。

コザで生まれ育った比嘉伸雄さんは、ＮＰＯ法人を立ち上げ、街づくりに取り組んでいました。

米兵による事件・事故が後を絶たないのは事実ですが、米軍によって経済が潤ってきた現実もある。沖縄の人々の葛藤が、色濃く反映されてきたのがコザの街です。その中で比嘉さんは、「話して付き合っていけば思いは通じ合う」と、地域のさまざまな立場の人同士の交流を大切にしていた。基地問題ではなく、「街をどう良くするか」という問題に向き合う中で、人々をつないできました。

顔が見える距離感で、何でも言い合える関係性を維持する。これも、なぜ学会員は葛藤を消化できるのかという問いへの、答えの一つだと思います。一時の感情に流されそうになったときに、「それは違うよ」と言ってくれる人がいる。それがブレーキとなり、極端なものの角が取れていきます。そして、皆がまとまれる答えが洗練されていく。

安易に結果を求め、双方が不満を抱えたまま妥協《だきょう》するのではなく、対話を通して高みを目指そうと、互いに努力する姿勢だといえます。

象徴的だったのは、取材した複数の方々が、「基地がないに越したことはない」と語っていたことです。

本土復帰運動を知る人たちには、「基地反対」は共感をもって受け止められると、花城初子さんは語っていました。

その花城さんは、「五〇年間あり続けた基地が、すぐになくなることはない。その先にどういうビジョンがあるのかを示さないといけない」とも言っていた。それは諦めの言葉ではなく、現実の上で、できることからやっていこうとする意志の表れでした。

一方、本土復帰後に生まれた玉城佳次さんは、「基地があることを『当たり前』として共有してきた」世代です。

「基地問題だけでなく、未来の政治を論点にしてもらいたい」。玉城さんの思いは、若者世代に一定程度、共有されているものなのでしょう。

地域の産業をどうするのか。観光立県としての沖縄の未来は。実際に沖縄が抱える問題には、ひとり親の家庭も多く、貧困率は全国で最も高い水準にある等々、さまざまな側面がある。にもかかわらず、外からは「基地が……」とひとくくりにされがちです。たとえ目の前の現実を受け入れられなくても、「受け止める」。この姿勢が、今回お話を伺った人たちに見えたものかもしれません。

比嘉さんは学会に入会し、人間革命の思想に出合った喜びを語っていました。現実を否定するのではなく、自分が強くなることで国土を変えていくと捉えられるようになった。目の前の基地問題にも揺れることなく、地域のための実践を貫いてこられた、と。

不健全な熱狂に取り込まれないために何が必要か。その答えの一つは、自分の軸《じく》となる思想を体系的に持つということでしょう。

自分の軸を持つからこそ、多様な視点を持つことができる。さもなくば、その都度、「これが正しそう」「これが良さそう」と、目先の表面的に輝かしいものに翻弄《ほんろう》され、極端な方向に引かれていく。あるいは、多数派や権威あるものに安心を求めてしまう。これは、学術的には社会心理学や大衆社会論などの観点から提示されてきたことであり、また、現代の多くの人が持っている傾向だといえます。

琉球時代には薩摩藩に侵攻《しんこう》され、戦後は米軍に占領され……時代に翻弄され続けた沖縄だからこそ、「確固たる信念を育てる宗教が必要」と語っていた、久保田淑子さんの言葉と重なります。

「信心をする人が増えたら、沖縄の人たちが本当に幸せになれる」。久保田さんの言葉には実感がこもっていました。その一心で、苦労を重ねていた沖縄の人たちに希望を送ってきた。彼女たちに悲痛さはなかった。「折伏は本当に楽しかった」と、久保田さんと本山さんが声をそろえていたのが印象的でした。

継承される「師弟の物語」

アメリカの政治学者ベネディクト・アンダーソンは、近代以降のナショナリズム、つまり、「自分はこの国家の国民」という感覚が「想像の共同体」であると言いました。

方言や見た目の特徴、生活様式に違いがあっても、離れた場所に住んでいても、自分もあの人も「同じ一つの国民だ」という意識を、例えば日本に住んでいる私たちは一定程度、共有しています。

それがどのようにできあがったのかというと、新聞や国民的な小説を皆が読み、同じ話題や感覚を持っていると確認し合う作業を通して、イメージ上での共同体への所属意識を形成していった。その中で、土地に根付いた共同体を超えた、「想像の共同体」＝近代ナショナリズムが成立し得たという議論です。

今日、そういう意味でのナショナリズムが弱まり揺らいできている一方で、「創価家族の一員」という、ナショナリズムとは別の「想像の共同体」に属しているという感覚は、多くの学会員の中で共有されているものでしょう。

沖縄を訪問することで、この「創価・想像の共同体」の強靭《きょうじん》さと、その構造の細部が見えてきたように思います。

「創価・想像の共同体」は、三つの層でできているように見える。一つ目は、「普遍的・全国的な想像の共同体」です。

全国のどこでも日蓮仏法をあまねく弘めていて、〝学会用語〟と呼べるような、誰にでも分かる言葉遣いが共有されていました。「目の前の一人を幸せに」というように。

そして学会は、任用試験や日常の御書研さんというように、ボトムアップで学び、切磋琢磨《せっさたくま》し合えるシステムをつくってきた。全国の各地域で教義をよく知る人材が育つからこそ、普遍的・全国的な想像の共同体が維持・再生産されてきたのではないか。

異なる気候風土や職業に生きる人たちが、同じ価値基盤を持っている光景を全国で見てきました。海外の組織でも同じであろうと推測します。ここに創価学会の強さがあることを、改めて思いました。

二つ目に、「ローカライズ（地域化）された想像の共同体」です。

それぞれの場所に、その地だけの創価学会の物語が土着化されている。池田会長がいつ訪問し、誰にどんな激励の言葉をかけたか、広宣流布の歴史に、自分たちの地元がどう位置づけられるのかといった話が残っていることが分かりました。これが、学会員の主体的活動が芽を出し続ける土壌になっている。

沖縄では、外間純子さんの話も印象的でした。

沖縄の人が沖縄に自信を持てなかった時代に、池田会長は「一番苦しんだ人が一番幸せになる権利がある」「沖縄の人々こそが、誰よりも幸せになっていただきたい」と激励しています。それを外間さんもその上の世代の人たちも共有し、祈り実践する中で、「沖縄に生きる自信と誇りに気付かせてもらえた」と。それが、沖縄にローカライズされた物語でした。

学会には、普遍的な物語と固有の物語という多層構造があります。普遍的な共同体だけであれば、たとえば企業などもつくろうとしている。ただ、各々の土地にローカライズされた物語を、同時に下から立ち上げていく仕組みを、巧《たく》みに融合させているところに、学会の強固さと柔軟性の秘訣《ひけつ》があるのでしょう。

そして三つ目に、「生の地域共同体」です。

学会は、内外における生身の交流を重ねてきました。それが多くの地域で、衰退しつつ

沖縄研修道場（恩納村）にあるかつての米軍核ミサイル「メースB」発射台の遺構を見学　©Seikyo Shimbun

あるコミュニティーを代替する機能を果たしてきた。近年、各地で「地方創生」の取り組みが行われていますが、それらの持続性が限定的であることも見えてきています。むしろ、代替可能なファスト文化、コモディティ（商品）化した普遍性が地域をのみ込む勢いのほうが強い。

この現実の中で、学会は、三つの層を重ねた「創価・想像の共同体」を維持し、再生産してきたわけですね。

アンダーソンは「想像の共同体」をつくるのに、新聞・小説という印刷技術を使ったメディアが重要だと言ったわけですが、創価学会にも、日蓮大聖人の言葉を集めた御書がある一方で、まさに新聞と小説が草創期から今に至るまで存在しています。

小説『人間革命』『新・人間革命』は、師匠と弟子が広宣流布を進めていく物語です。これは学会員に、自分たちの足元に堆積《たいせき》する歴史的地層と、その上にある師弟関係を再確認させる機能を持つ。それによって、例えば「平和のため」という根本目的を、常に祈りと活動のど真ん中に据えていられる。他方、聖教新聞には、歴史的地層を見直しつつも、その上にいかに今があるかが、日々、アップデートされて描かれている。

私はこの連載を通して、学会が世界に広がる普遍性と、地域に根付く特殊性とをいかに両立し実現しているのか、また、学会員の「師弟」の感覚とはいかなるもので、どう構築されているのかといった問いに対する答えを探してきました。沖縄で伺った一人一人の物語から、その輪郭《りんかく》をつかめた思いがしています。

第6章

「苦海」の不条理を越えて——水俣

ルポ

水俣に生きる

——苦海の彼方は虹の華

「魚湧《いおわ》く海」——熊本県南部の水俣湾に面する不知火《しらぬい》海はかつて、そう呼ばれていた。温暖で栄養分に恵まれ、魚が湧いてくるような豊かで美しい海だった。

湾の漁村に異変が起こり始めたのは、一九五二年頃。猫が踊るような奇妙《きみょう》なしぐさを見せ、鳥が空から落ち、魚が海面に浮かんだ。

やがて住民の中にも原因不明の症状が。手足のしびれやつまずき、言葉のもつれなどが現れ、伝染性の奇病とうわさが飛び交った。

「公害の原点」といわれる水俣病の発生である。

五三年、湾を望む岬《みさき》に生まれた金子親雄《ちかお》さん（先駆長〈ブロック長〉）は一歳半で歩き出してすぐ、よろめいて倒れるように。すぐ下の弟は生後二九日で亡くなり、もう一人の弟・雄二《ゆうじ》さんも同じ症状に見舞われた。

母は幾つも病院を回るが治療の手だてはない。父も全身にけいれんを起こし、ついに息を引き取ってしまう。劇症《げきしょう》型水俣病だった。

公式に水俣病が確認されたのは五六年。原因は化学工場からの排水に含まれていたメチル水銀である。それが魚やエビ、カニ、貝などに吸収されたり、食物連鎖を通じたりして蓄積された。

高濃度のメチル水銀を含む魚介類を日常的に多く食べることで、中毒症状が起きたのである。

強い心で勇気を与える人生を

後に母も水俣病と診断されたが、病身を押して働き、一家を支えた。当時、胎盤《たいばん》は毒物を通さないというのが通説であったが、親雄さん、雄二さんの存在と母の指摘が、胎児《たいじ》性水俣病の発見につながっている。

金子さん兄弟は、治療とリハビリのため、少年期を病院で過ごす。中学校を卒業した親雄さんは、水俣病の原因企業で働いたが、成人しても会話や読み書きに不自由し、「仕事が遅い」とつらく当たられた。

転機となったのは創価学会員の妻・雅子さん（地区副女性部長）との出会いである。七七年に入会。「友達はあんまりおらんかった」という金子さんを、学会の同志は温かく迎えた。

男子部の先輩が自宅に通い、経本《きょうぼん》※125を一文字ずつたどって勤行を。御書の一節を何度も書いて教えてくれた。題目を唱えると「力が湧いてくるのを感じた」。

会合では学会歌※126の指揮※127を執《と》り、男子部の人材育成グループ・牙城会※128で会館警備の任務にも就いた。

125　経が書かれた本。ここでは「創価学会『勤行要典』」を指す。法華経方便品と寿量品の経典が書かれてあり、勤行の際に唱える。
126　創価学会で愛唱されている歌。座談会や会合などで幅広く歌われている。
127　伝統的に、学会歌を歌う際、代表者が指揮を執ることがある。
128　おもに会館の警備を担う。⑲を参照

休みがちだった仕事の姿勢が変わっていった。

患者だからと特別扱いせず、何でも言い合える同志の励ましを支えに、親雄さんは定年まで勤め上げた。

治療やリハビリを重ねても、水俣病の症状が消えることはない。雅子さんは、「水俣病の悲劇は今も続いています」と話す。「でも幸せも感じます。昔は夫が私の信心に後ろからついてくるようだったのが、今は私の方が夫の純真《じゅんしん》さに引っ張ってもらっています」

二〇一九年に開催された水俣病犠牲者慰霊《いれい》式では、患者・遺族の代表として、親雄さんが「祈りの言葉」を述べている。雅子さん、三人の娘と一緒に作り上げた、ひらがな書きの原稿を握り締めて登壇した。

「今、私たちに何ができるのか? 年月が流れても決して忘れてはなりません」

大人数の前で話すのは初めてのこと。詰まりながらも、言葉を継《つ》いだ。

「もう二度と同じような悲劇で、多くの人が苦しまないよう、どうかどうか見守ってください。『一番苦しんだ人が、一番幸せになれる』。その強い心をもって、私たちは、困難に負けずに生きる姿で、人に勇気を与える人生を、これからも歩んでいきます」

過去に水俣の学会員がまとめた文集を開くと、さまざまな思いがつづられている。「どんなに世の中を恨《うら》んだことか」「この世に生まれた私を幾度恨んだか」という赤《せき》裸々《らら》な吐露《とろ》もある。

あまりに過酷で理不尽な現実を、水俣の人々は、どのように受け止めてきたのか。坂本直充《なおみつ》さん（副本部長※129）を訪ねた。

坂本さんは六歳まで歩くことができず、言葉も出にくかった。地域には似た症状の胎児性水俣病の子どもたちがいたが、水俣病についての診察は受けたことがなく、「脳性まひ」と診断された。「父も原因企業に勤めておりましたし、私も公害被害の現実を引き受けることができなかった」

水俣病は人々を分断し、対立を生んだ。最大の雇用先である原因企業の影響を受ける市民。病気が全国に知られ、魚介類が売れなくなった漁民。そして患者や家族への差別……。補償を求めた裁判闘争には「怨《おん》」の旗が掲《かか》げられた。

水俣の問題を世に知らしめた『苦海浄土《くがいじょうど》』という小説がある。作家・石牟礼《いしむれ》道子氏が患者のもとに通い詰めて著《あらわ》した魂《たましい》の記録だ。

小説を読み、坂本さんは〝あなたは水俣をどうするのか？〟と、突き付けられたように感じたという。

「水俣を変えたい」との思いから市役所職員になるものの、緊張して言葉が出ない。電話を取る時は、いつも不安で悩んでいた。

そんな坂本さんを気にかけ、仏法を勧めたのが、信心を始めていた同級生たちだった。一〇年越しの折伏の末、坂本さんは八三年に二十八歳で入会。学会に飛び込む

129　本部における壮年部の役職。

と、水俣病患者も原因企業で働く人も、立場や境遇に関係なく、励まし合う姿に衝撃を受けた。

「対立するのではなく、とことん話し合う。それが学会でした」。入会後、坂本さんもさまざまな立場の人と会い、水俣の未来を求めて対話を続けてきた。学会活動に励む中で、自然と言葉も出るようになった。

「水俣は、人として奪われたものを取り戻す〝人権闘争〟でもあったわけです。でも、恨みや憎しみを持ち続けるのは、ものすごくきついこと。一人一人が生命の尊厳を根本に据えて、欲望に振り回される宿命を転換していくしかない」

坂本さんは患者支援施設「ほっとはうす」の設立等に携《たずさ》わり、二〇一一年から二年間、水俣病資料館の館長を務めている。高齢化する患者や家族の問題に取り組み、「語り部《べ》」と共に自らも「伝え手」となって、水俣病の現実を伝えてきた。

苦悩の景色が一気に変わるわけではない。「それでも学会で、多くの人が生きようとする姿を見てきました」と言葉に力を込める。

そんな坂本さんが、入会時に最も感動したと語るのが、「学会に『水俣の日※130』があると知ったことでした」。

1・24「水俣の日」。

つらい思いをした人ほど安心できた

130　創価学会では、三月十六日＝「広宣流布記念の日」や五月三日＝「創価学会の日」、十一月十八日＝「創価学会創立記念日」などの記念日が多数制定されている。

その淵源は一九七四年の同日、「水俣友の集い」が開かれたことにある。出席した池田先生は当時のことを回想しながら、こうつづっている。

「強く、強く、強く、生きて、生きて、生き抜いてください」「苦しみをかみしめてきた皆さんには、幸福になる権利がある」

当時、大学進学で東京にいた下鶴康治さん（圏総主事※131）は「聖教新聞を見てびっくりしました」と。集《つど》いでの池田先生の激励や水俣の同志の喜びが、一面から三面にわたって大きく報じられていた。

水俣で生まれ育った下鶴さんは、住民が分断され、いがみ合う姿を目の当たりにしてきた。

「例えば原因企業の組合一つとっても、立場の違いから、第一組合と第二組合が対立していて、『第一組合の子とは口を利《き》くな』と注意され、身も心も断絶させられていったんです」

故郷を離れて感じた偏見もあった。原因企業の名が記されたビニール袋を手に取った友人が、「うわっ」と飛びのいたこともある。

つきまとう公害病のイメージから、自分の出身地が水俣であることを伏《ふ》せる人も多く、下鶴さんもそうしていた。「そんな後ろめたい思いを、先生が吹き飛ばしてくれたんです」

卒業後は故郷に戻り、水俣に生きる誇りを胸に、仕事と学会活動に励んだ。

131　圏における壮年部の役職。

物質的な欲望を肥大化《ひだい》させた果てに起きた公害。

「それを乗り越えるためには、一人一人の生命の中に豊かな思想と生き方を築くしかない。池田先生は水俣を『仏土の海』と呼んでくださいました。私たちの手で、そうつくりあげていく――この地の使命を確認し合うのが、毎年の『水俣の日』なんです」

下鶴さんが言葉を継ぐ。

「ある時期の水俣は、一言間違えば〝敵か味方か〟というような、神経をすり減らす世間でした。ただ学会には、企業も患者もなくて。〝共に頑張って幸せになろう〟という変革の途上で、深い生命の次元で接するから、つらい思いをした人ほど安心できた」

作家の石牟礼氏は、取材に足を運ぶ中で、多数の学会員を目にしている。

「今まで水俣にいて考えるかぎり、宗教も力を持ちませんでした。創価学会のほかは、患者さんに係《かか》わることができなかった」(『石牟礼道子対談集　魂の言葉を紡ぐ』河出書房新社)

そこには、生命の次元に生きる実感、そして池田先生との誓いの絆《きずな》があった。

「毎年の『水俣友の集い』が一番の励みでした」と振り返るのは、宮本謙一郎さん(支部長)。水俣病研究を代表する一人である。

水俣市に隣接する芦北町《あしきたまち》の農林高校を卒業後、上京して専門学校へ。「故郷の力になりたい」と臨床検査技師の資格を取得。帰郷して国立水俣病総合研究センターに勤務した。

医療の現場で初めて見た水俣病患者の姿が目に焼き付いて離れない。〝研究者になって、水俣病の解明に取り組もう〟と腹が決まった。男子部の先輩は「どうせやるなら博士号を目指そう！」と鼓舞《こぶ》してくれた。

「けれど博士号なんて雲の上の話です。大学の先生も『九九・九％無理です』と素っ気なかった」

まずは創価大学の通信教育部に入学し、九年かけて卒業。その後、部外研究生として大学医学部へ。

多忙な仕事、地区部長としての学会活動に全力投球しながら、深夜に研究に打ち込む毎日。メチル水銀中毒により、なぜ神経細胞死が起こるのか、そのメカニズムの解明に挑んだ。

苦闘の末、二〇〇二年に医学博士号を取得。通信教育部の入学から二〇年、通教生として初の博士号取得だった。研究は水俣病解明の糸口《いとぐち》をつかむ重要な成果として、世界保健機関（ＷＨＯ）でも紹介されている。

宮本さんはブラジル・アマゾンに七度派遣され、金採掘に伴う水銀汚染調査に携わってきた。「世界の各地で水俣と同様の問題が起こり、今も分断と対立が生まれています。水俣に関わる一人として、こんな悲劇は二度と繰り返させない」と、決意をにじませる。

*

第一回「水俣友の集い」で池田先生は、公害の原点である水俣の悲惨な現実が忘れ去られてはいけないと述べ、「二〇年後、五〇年後、百年後に、水俣がどうなっていったかを見続けていくことは、日本の全国民の義務でもあります」と語った。

翌年以降も、先生は1・24が巡り来るたび、「スクラムとスクラムを組んで、黄金の水俣・常楽[※132]の水俣・仏法の水俣を合言葉に、生き抜くことの尊さと偉大さを日本国中に、否《いな》、世界中に示していただきたい」等と励ましを送り続けている。

第一回の集いでの激励から、およそ半世紀。水俣の友は、生き抜く尊さと偉大さを、そして公害の原点の地に生きる意味を、自らの姿で示し続けている。

座談会の場には分断はなかった

先述した坂本直充さんが、かつて館長を務めた「水俣病資料館」を訪れた。穏やかな水俣湾を望む小高い丘の上に立つ同資料館は、水俣の「教訓」を後世に伝えるために建設された。

徳冨晋一郎さん（地区部長）は市の若手職員だった頃、設立準備に携わった。展示する写真の検討に加わり、使用許諾を得るために、患者家族の元を回った。患者の母からは、「親族会議を開かないと決められない」と言われた。「親戚の子ど

132　「常」とは仏の境地が永遠不変であること。「楽」とは無上の安楽のこと。

もたちの結婚や就職の妨げになるかもしれない」と。

一九九〇年当時、まだまだ偏見は根強かった。涙を流し、差別の実情を打ち明けてくれる患者もいた。

水俣で生まれ育った徳冨さんでも、初めて知る事実もあった。患者の苦悩に心が痛んだ。思い返したのは、それまで出会ってきた学会員の患者たちの姿。

「座談会では患者の人たち、原因企業側や労組の人、私たち市役所の人間も一緒になって語り合っていました。そこには分断がありませんでした」

徳冨さんは市役所の公害課（現・環境課）で患者認定の申請窓口も担当。その後、さまざまな部署を回り公務に従事した。しかし、業務が多忙を極めた五十歳の頃、うつ病を発症。闘病を経験し、「自身が苦しんで、少しは人の痛みが分かるようになった気がします」。

九七年からは、地域の「もやい直しセンター」の副館長を務めた。

人と人、自然と人との関係が傷ついてしまった水俣では、水俣病と正面から向き合い、人々が対話し協働する取り組みが「もやい直し」と名付けられ、それを推進する拠点が整備された（芦北町にも同様の公共施設がある）。

皆で語り合える居場所をつくる

徳冨さんがいたセンターは、水俣病発生初期の中心地であった袋・月浦地区につくられた。

公募で選ばれた館長を支え、水俣病患者をはじめ、障がい者や高齢者が利用できるデイサービスのような事業を始め、住民の交流を進めた。

「いろんな市民と共に、あらゆる差異や立場を超え、皆で語り合える居場所づくりに携われたことが、私の誇りです」

二〇一七年に退職後も、「地域づくり」をライフワークに自治会活動に励む。「今、水俣の多くの学会員が地域社会の担い手になっていています」。

多くの同志の胸にあるもの、それは、第一回「水俣友の集い」(一九七四年)での池田先生の指導だ。「皆さんが、水俣の変革の原動力となって、年ごとに、郷土の蘇《そ》生《せい》の歴史を刻んでいっていただきたい」

兵庫出身の多田雄哉さん〈先駆長〈ブロック長〉〉は、そんな学会の先輩たちに「水俣で生きる使命を教えてもらった」と語る。

二十九歳で東京大学大学院の博士課程を修了。専門は海洋中の微生物とプランクトン。北海道大学や神奈川の海洋研究機関で働くも、目覚ましい成果を出せず、職が定まらなかった。悩みを抱えつつ、唱題に挑戦する中で声が掛かったのが、水俣の研究機関だった。

二〇一八年、水俣にやって来た多田さん。初日、車を借りて一人で街を回った。それまで暮らした都会と違う街の雰囲気。「静かというか、寂しいというか」

「水俣」と聞くと負のイメージを持ってしまう人もいるだろう。多田さん自身も「公害の街」との先入観があった。しかし、実際、住んでみると、「海がめっちゃきれいで、山も近く、温泉もある。何より人が優しい。田舎の街なんで刺激は少ないかもしれませんが、私は学会員なんで……」。

引っ越したその日から男子部が訪ねてきた。「これ作ったから食べて」と折に触れ、女性部の人が差し入れを持ってきてくれる。

「公害の歴史や、今も苦しむ患者さんのことを忘れてはいけないと思います。その上で何が大切なのか。僕は創価学会の中で、水俣でしか学べないものを教えてもらっています」と多田さん。

学会の会合に参加すると、胎児性水俣病患者の川上万里子さん（女性部員）の姿を、よく見かけた。屈託のない笑顔の川上さんの周りには、いつも同志の輪が。

そんなある日、川上さんは会館内で発作を起こした。その場にいた看護師の女性部員がすぐに手当てを。

「患者の方々は、池田先生が語られた通り、〝強く、強く、強く、生きて、生きて、生き抜いて〟こられた。そして、周りの同志は同じ目線でそれを支え、一緒に広宣流布を進めてきた。〝創価学会ってすごい〟と心の底から思い、自分の研究にも力が入りました」

多田さんの研究は、水銀が海中でメチル化（猛毒化）するメカニズムの解明。水俣に来てから始めた研究だが、水銀をメチル化する微生物が海洋深層に多く存在することを発見した。国際学会でも高く評価され、二〇二一年には研究所の主任研究員になった。

「なかなかポストが決まらず、落ち込んでいた時にも、壮年部の先輩に〝今こそ題目ばい〟って激励されて」。〝水俣家族〟に支えられながら、水俣から世界へ、研究成果を発信している。

土地が持つ力を引き出す――水俣のこだわり

人間の生み出した化学物質によって、自然が破壊され、人の生命までも奪い取った水俣病。

その経験を経て、水俣市は環境保全やごみ分別収集の徹底など「環境モデル都市」づくりを進めてきた。

水俣の海から車で約三〇分、鹿児島との県境・石飛《いしとび》高原にある「天の製茶園」では一九八〇年代から無農薬栽培に取り組んできた。

天野茂さん（副支部長）が緑茶から紅茶に切り替え、長男・浩さん（同）が水俣を代表するブランドへと発展させた。

製茶園で働く長女の山本美咲さん（地区女性部長）が茶畑を案内してくれた。「標高六〇〇メートルで寒暖の差が大きく、火山灰由来の豊かな赤土が多様な茶葉を育ててくれます」

山に降った雨は川を流れ、海へ出る。「天の製茶園」は父・茂さんの代から水俣の漁師との交流があり、「山で暮らす私たちが海に迷惑をかけちゃいけないと、自然と無農薬栽培に思い至った」。

五年前からは全ての畑で肥料を使わない「無施肥」栽培にも取り組んでいる。肥料を与えない分、茶葉の見栄えは良くないものの、雑味がなく、お茶本来のおいしさがすーっと入ってくる。

「本来の姿にこだわるから、土地そのものの良質さが生かされ、茶の木もかえって強くなる。土地が持つ力を引き出す——水俣で信心を貫いてきた、天の製茶園のこだわりです」

山本さんは二〇〇七年、結婚を機に生まれ育った水俣を離れ、静岡、群馬で暮らした。「いつか水俣に帰りたいと、ずっと祈っていた」。二〇年、夫の転勤で帰郷する。

「やっぱり水俣が好き。小さな街のサイズ感も、ちょうどいい」。片側交互通行の山道で車待ちをしていると、見知らぬ人が手を振り、あいさつしてくる。

「海の人と山の人も近いし、街全体が家族みたいな感じなんです」

学会の同志のつながりは、「ある意味、家族以上。肥後もっこす（頑固）で気難しいところがある父や兄にも女性部の方は上手に忠告し、うまく軌道修正してくれます（笑）」。

――かつて、池田先生は水俣の友に句を贈り励ました。

「水俣の　生命の花に　朝の露《つゆ》」「水銀の　苦海の彼方《かなた》は　虹《にじ》の華《はな》」

現在、水俣の海には豊かな海のバロメーターであるヒメタツ（タツノオトシゴの一種）が多数生息。地域の「もやい直し」も紆余曲折《うよきょくせつ》を経て進み、日本有数の「環境モデル都市」になった。

生きるとは何か。人間とは何か。生命を見つめ続けてきた水俣。今、この地には自然本来の豊かさと、人間本来のぬくもりが息づいている。

解説——開沼 博

世界に先んじて

一九四五年から現在までの戦後社会には、一九七〇年頃に一つの線を引くことができます。この前と後とで、いろいろなことが切り替わったわけです。

七〇年代以前は、高度経済成長と人口急増、科学技術の発展と工業化が進み、あらゆる生産力が上がり続けていました。政治面でも、先進国を中心に民主主義が拡大・定着した。「自分たちが進んでいる道は正しい」「社会は良くなっている」という感覚が、社会全体で共有されていた時代でした。

しかし、七〇年前後になると、人類は大きな壁に突き当たることになります。例えば、オイルショックが起きました。七二年にはローマクラブが『成長の限界』を発表し、地球の資源は有限であると世界に警鐘《けいしょう》を鳴らしました。

さらに象徴的なのは、「公害」が世界的な問題として浮上したこと。経済成長の有限性と、科学技術の発展が私たちを絶対的に幸せにするという価値観に対する、反省を突きつけました。それ以降、環境や地域の持続可能性への視点が生まれ、今日のＳＤＧｓに見られる意識へとつながっていきます。

例えば日本でも、一九七〇年代以前の社会問題は「貧困」が焦点でした。資本家と労働者の間に引かれた線を崩して、「労働者階級」の立場を逆転させていくことを主眼とした、六〇年代の学生運動はその象徴です。貧しさを克服すれば、社会は良くなるというのが前提だったわけです。

しかし七〇年代以降になると、階級だけではなく地域の間にある格差も自覚されていきました。田中角栄の「日本列島改造論」も、その頃です。世界を見ても、第三世界をどう包摂《ほうせつ》していくかというように、問題の設定そのものが変わっていきました。

これらを念頭に置くと、水俣が、いかに世界に先んじて、人類全体の課題に向き合わされたかが分かります。水俣病の第一号患者は五三年に発病し、五六年には公式に水俣病が確認されています。

経済成長や科学の発達が〝良いもの〟と信じて疑われなかった時代に、その負の側面を背負わされたのが水俣だったわけです。七〇年代以降に世界が意識し始めていく問題が、先んじて集約された場所であったということができます。

複雑さと重層性

水俣で最初にお会いした一人が坂本直充さんです。〈一八四頁ルポを参照〉

坂本さんは六歳まで歩くことができず、言葉も出にくいなど、地域にいた胎児性水俣病患者と似た症状があったものの、認定申請はしなかったといいます。父や親族の多くが水俣病の原因企業に勤めていたこともあり、坂本さん自身、公害被害の現実を引き受けることができなかった、と。

症状がありながらも認定申請をできずにいたこと自体、世間が形づくってきた水俣のイメージ——〝患者と原因企業との対立〟〝補償を受ける人と受けない人との分断〟といった構図では捉えきれない、水俣の重層性を映し出しているように思えます。

水俣では、障がい者としての差別のみならず、社会的な差別が加わります。さらに「水俣＝支援を受ける地域」という枠組みがそれを固定化する。しかし、坂本さんは、その枠の範疇《はんちゅう》にとどまらず、「どうすれば水俣が生まれ変われるか」を考え続けてきた。

外部からさまざまな人・組織が入ってきて、「水俣病患者をどうするか」には尽力しても、「水俣をどうするか」には思いをはせてくれなかった。その中で、坂本さんは創価学会に入会します。人の幸福と地域の繁栄を目的とする学会の活動が、水俣の未来を見つめる自身の生き方と合致した。「社会に働きかける宗教だからこそ、入会を決めました」と語っていました。

生命の尊厳が、水俣において侵された。だからこそこの地から、生命尊厳の思想を根付かせていく——これが、信仰で培《つちか》った坂本さんの信念です。水俣だからこそ、世界を変えていく使命がある、と。

坂本さんが、私の本を何冊も読んで、取材に臨んでくださったのが印象的でした。多くの本を読み、自ら詩を詠《よ》んで詩集を出版しています。「水俣の人たちの人生は、暗い側面だけではない。どん底から這《は》い上がってきた、輝くような人生があります」。ご自身の生き方が、まさにその言葉を体現していました。

坂本さんと一緒にお会いしたのが、徳冨晋一郎さんです。

水俣で生まれ育った徳冨さんですが、必ずしも水俣病が身近ではなかったといいます。これも重要な話です。外から押し付けられる「水俣」の紋《もん》切《き》り型《がた》のイメージよりも、内側に広がる風景は、もっと豊かであるのは当然のことですから。

そんな徳冨さんが、市の若手職員として水俣病資料館の設立準備に携わり、患者や患者家族と接する機会を得る中で、水俣に対する偏見がまだまだ根強く、多くの人が苦しんでいる現実を、初めて目の当たりにして変わっていった。

坂本さんも徳冨さんも、同じ水俣の出身でありながら、水俣病に対する捉え方も、距離感も、全く異なっていました。この複雑さ、多様さが水俣の現実です。

一方で、二人はそれぞれで、水俣病への視点と向き合い方を深め、共に地域社会への貢献に汗を流すようになった。二人の志《こころざし》が交差したのが、学会という場でした。

「学会の中には差別も分断もなかった」と、坂本さんと徳冨さんは語っていました。座談会に行けば、患者の人たち、原因企業に勤める人たち、市役所の職員らが、一緒に語り合っていた、と。人と人との絆を取り戻そうと奮闘してきた、二人の活動の根底には、学会での触発が原動力としてあることが分かりました。

二人が、地域への貢献を「使命」と捉えていたのも印象的でした。人生の重要事として自ら位置付けているからこそ、水俣病患者の支援にとどまらず、目の前にいる人を大事にし、その幸福に尽くすというところまで、考えや行動が至る。そういう人たちが無数にいることが、水俣が苦しみを乗り越えて、新たな姿を見せる原動力になっていったのだと感じました。

宿命転換の実証

水俣の学会員にとって、池田大作第三代会長の提案で一月二十四日を「水俣の日」として定め、毎年、この日を目指して進んできたことは、大きな励みになってきた。下鶴康治さんも、そう実感を込めて語ってくれました。

生まれ育った水俣で、住民がいがみ合う姿を間近に見てきたと、下鶴さんは言います。地元では学会のリーダーを務めました。水俣の学会員は皆、第二次宗門事件※133でも信心を貫いたという証言は印象的でした。

水俣の学会員の結束の強さを物語るエピソードとして聞きましたが、公害という苦悩の中で励まし合い、地域に根差した活動を際立《きわだ》って続けてきたことも背景の一つにあるのでしょう。

毎年の目標点として、「水俣の日」が制定されている。池田会長が、「二〇年後、五〇年後、百年後に、水俣がどうなっていったかを見続けていくことは、日本の全国民の義務でもありま

133　一九九〇年から翌九一年にかけて起きた、創価学会が日蓮正宗から独立することになった一連の事件を指す。

す」と語ったことによって、この日が「宿命転換」の実証を繰り返し示す日であり、「水俣の人たちのための日」だけではないという意味がもたらされています。

水俣病との対峙《たいじ》の歴史は、戦後あるいはそれ以前からの、際限《さいげん》なき経済成長を目指してきた社会の負の側面が集約された物語です。それは日本社会、そして世界が、今後のあり方を捉え直すべき機会となる価値をもちます。

水俣から、文明の近代化の反省に向き合っていく。社会に求められたその態度を、地に足をつけながら、信仰の中で具体化させ、普遍化させていった学会のあり方が見えました。

「脱埋め込み」

患者の筆舌《ひつぜつ》に尽《つ》くせぬ苦労に加えて、水俣には、世界のどこにも先例がない不条理の中に置かれたというその事実自体が、さらなる苦しみとしてのしかかってもきました。

例えば、後に他の地域で起きた公害の名前に、「水俣」という言葉が付いたことや、「水俣＝水俣病」のイメージで語られ続けてきたことは、その典型です。

水俣市は、日本で初めて「環境モデル都市づくり宣言」を行うなど、日本を代表する環境先進地です。にもかかわらず、「水俣＝水俣病」のイメージが勝ってしまう。訪れる人の多くが、「水俣病の水俣」だけを見て帰ろうとする。無責任なメディアや学者も、それを無理解の中で再生産する。問題の複雑さに目を向けず、〝分かりやすいメッセージ〟が先走ってしまう様子は、東日本大震災・原子力災害の被災地である福島でも見てきました。

現実には、水俣の人たちの生き方は千差万別でしょう。地域としての水俣には、海と山に囲まれ、おいしい魚が取れ、良い温泉があるというような、多くの魅力が詰まっている。そうした、水俣の重層構造が健全に、生き生きと保たれる場があり続けること。これが不条理を乗り越えるための基盤となります。

イギリスの社会学者ギデンズは、「脱埋め込み」という概念を提唱しています。社会が成熟するにつれて、地域の伝統的な文脈の中に「埋め込まれて」いた人たちが、しがらみから抜け出し、個人のアイデンティティーを模索していこうとする、と。

まさに七〇年代以降に、この「脱埋め込み」が大きく加速する中で、水俣の人たちの中には、あるいはその地域自体が、政治や司法の争いの〝表看板《おもて》〟にさせられて、外からつくられた「水俣」というアイデンティティーに〝埋め込まれて〟いった部分もありました。

その中で、「信仰」を自らのアイデンティティーとした学会員が、「水俣」という、重苦しくネガティブであるほど注目を浴びることにもつながったであろうアイデンティティー化の潮流とは距離をとりつつ、それを相対化し、また別の「水俣」のあり方を模索する生き方をしてきた姿が垣間《かいま》見えました。

当事者研究の熊谷晋一郎氏（小児科医、東京大学先端科学技術研究センター准教授）が、障がい者など支援される立場にある人の自立とは「依存先を増やすこと」だと言いましたが、それと似て、「支援されること自体をアイデンティティーとはせず、アイデンティティを軽やかに分散すること」を助けてきたのが、信仰であったということです。

一つのアイデンティティーに一極集中して、生活や人間関係の全てがそこに費《つい》やされる生き方ではなく、信仰という揺るぎないアイデンティティーを持ちながら、その基盤の上に、職業上の役割、地域での立場、価値観といった多様なアイデンティティーを、発揮させていく。そうした学会員の生き方が、作家の石牟礼道子氏をして、「今まで水俣にいて考えるかぎり、宗教も力を持ちませんでした。創価学会のほかは、患者さんに係わることができなかった」（『石牟礼道子対談集　魂の言葉を紡ぐ』河出書房新社）と言わしめたように、水俣の復興の一側面を支えてきた様子を見ることができました。

被災地から世界へ

「公害発祥の地」として語られがちな水俣は、一方で、世界に誇れる価値を多く発信してきました。徳富《とくとみ》蘇峰《そほう》・徳冨蘆花《ろか》や石牟礼道子に代表されるような、世界に誇れる文芸が生まれたのも、環境先進地として社会に有為な知見と知識を提供してきたのも、水俣の現実です。

宮本謙一郎さんは、信仰を原動力として、学術の世界で生きてきた一人です。

社会学者のマックス・ウェーバーは、『職業としての学問』の中で、学問を仕事としていくのは「僥倖《ぎょうこう》に支配されたもの」である、つまり、運であり、賭けであるとの有名な言葉を述べています。学術界で生き抜いていくことは、それほど険しく不確実なわけです。

その中で、学歴だけ見れば決して優位ではない立場からスタートした宮本さんが、大学の担当教員から「博士号は九九・九％無理」とまで言われながらも、世界から注目される研究成果を上げてきたことは、学術の世界で生きる・生きようとする人たちに、希望を与えるものでしょう。

しかし宮本さんが積み上げてきた、これまでの実績は必ずしも、運や賭けだけではなかった。学会活動に熱心に取り組むと、不思議と自分を助けてくれる人が現れたと、宮本さんは振り返ります。

確かに、学問の世界では、どれだけ実力があったとしても、思い通りになるとは限らない。良きタイミングで良き人に出会うことが、その道を開いていく上で不可欠です。宮本さんにとって、それをたぐり寄せたのが祈りであり、信仰だった。

近代合理的な学問が、合理的ではないように思える信仰によって支えられてきたという話でもあり、非常に印象的でした。

宮本さんの研究は、メチル水銀中毒によって神経細胞死が起こる原因に迫るものです。その研究が評価され、ブラジルのアマゾンに七度派遣され、金採掘に伴う水銀汚染調査にも携わってきました。

〝水俣のために何かをしてもらう〟のではなく、水俣から世界に発信していく。東日本大震災の被災地でも、「For 被災地」(〜のために)から「From 被災地」(〜から)への転換が大きな課題であり続けてきました。

周りから何かしてもらった分、周りに何かを生み出していく。これは、宗教的信念のもとで、宮本さんが実践してきたこととともつながるでしょう。

学会活動も研究も

宮本さんが勤務していた研究機関に、二〇一八年にやって来たのが、多田雄哉さんです。共に研究者ではありますが、水俣出身の宮本さんとは違い、多田さんは〝よそ者〟として水俣に赴任《ふにん》しました。ゆえに当初は、水俣病は「過去の歴史」、水俣は「公害の街」という先入観を持っていたといいます。

しかし実際に住んでみると、海も山もきれいで、人が優しいといった、水俣の魅力をすぐに発見することができた。同時に、水俣病で多くの患者やその家族が苦しんでいることは、過去の歴史ではなく、今なお続く話であることを実感をもって理解した。

水俣に対するイメージが変わっていくきっかけとなったのが、学会活動だったといいます。会合に行くと、胎児性水俣病患者の女性部員が、明るく、生き生きと振る舞い、周囲の人たちが、同じ目線で彼女に寄り添う。その様子に、感銘を受けつつ学会の素晴らしさを再確認した、と。

〝よそ者〟の多くが抱く、偏《かたよ》った水俣のイメージ。それは現地を訪れ、生活をしていくうちに、修正されていく部分も、もちろんあるでしょう。そして同時に、水俣を知ろう、水俣について学ぼうという強い思いもまた不可欠でしょう。多田さんは、「創価学会の中で、水俣でしか学べないものを教えてもらっています」と語っていました。先入観を打ち破り、〝ありのままの水俣〟を見つめる入り口として、学会があった。

学会活動に励むと、研究にも力が入っていったという話も印象的でした。「学会活動をせずに研究だけをしていたら、水俣病のことを肌で感じることはなかった」と多田さんは言います。

水俣をどう盛り上げ、いかに世界へと発信していくか。信仰を通して、それを自分の「使命」と捉えるようになったからこそ、多田さんは、ともすれば抽象的で日常生活とのつながりが分かりにくい理系の基礎的研究において、地域を見つめつつ、国際学会でも高く評価されるような実績を残すことができているのでしょう。

現実と社会的現実

池田会長が、〝二〇年後、五〇年後、百年後に水俣がどう変わっていくのかを見つめていこう〟と呼びかけたのは、一九七四年。それから半世紀がたった今、〝変わった水俣〟の象徴の一つが、石飛高原にある「天の製茶園」でしょう。

製茶園の挑戦は、水俣に眠る可能性を引き出していく戦いでした。

水俣には二万数千年前の旧石器時代から、人類の祖先が住んでいた。その時間軸の中で見れば、水俣病の歴史はもちろん大きな出来事だったけれども、そこにとらわれないさまざまな、水俣という地域の可能性にも気付かされます。また、天野家が製茶園を営む山間地域は、平野部との温度差や寒暖の差が大きく、土壌は火山灰由来の赤土。世界に打って出ていける、良いお茶が育つ条件を備えています。

外から持ち込まれたイメージとは異なる、水俣に土着《どちゃく》の魅力。それをどう育て、発信していくのか。

社会心理学に、「リアリティー（現実）」と「ソーシャル・リアリティー（社会的現実）」という対概念《つい》があります。自然現象など、誰がどのように見ても変わらないのが「現実」である一方で、「社会的現実」は、人それぞれで異なる見方、信じ方によってかたちを変えていく。私たちは普段、「現実」を認識しているように思っていても、ほとんどの場合では「社会的現実」を認識し、それに影響を受けながら動いていくという考え方です。

一例として、学校の教員が、一部の子どもたちが「成績が伸びる子どもたち」であると伝えられたことで、期待をかけて育てた結果、その他の子どもたちと比べて、本当に成績が上がったとされる「ピグマリオン効果」が、よく知られます。

これは「予言の自己成就《じょうじゅ》」とも呼ばれます。例えば、「あそこの銀行は倒産する」と根拠のない風評《ふうひょう》を流したら、うわさを聞いた預金者が殺到して、取り付け騒ぎが起こり、結果として本当に倒産してしまう。「社会的現実（＝風評）」が先に動いたことで、「現実（＝倒産）」が付いてきてしまうことがあるわけです。

水俣に生きてきた学会員の方々は口々に、「座談会など学会員同士が集う場には、水俣病を巡る分断と外から呼ばれるようなものはなかった」と言います。

他方、水俣が、〝人々が分断された〟〝患者が虐《しいた》げられている〟といった「社会的現実」の上に置かれてきた地域であることも事実です。もちろんそうした側面はある一方で、その文脈が必要以上に、一面的に誇張されてきた側面や、それが、分断や差別を再生産し続けてきた側面

水俣文化会館の前で、坂本直充さん（中央）、德冨晋一郎さんと　©Seikyo Shimbun

も存在します。

強い「社会的現実」に、「現実」が引っ張られていく。この車の両輪のような連動を、「ずらす」ことによって、「現実」が、「社会的現実」の影響を受けないようになる。その「ずらす作業」を、天野家をはじめとする、水俣の学会員の方々が担《にな》ってきたことを実感しました。

同じ信仰を共有している学会員同士のつながりは、「家族以上」とも表現していた山本さん。利害がぶつかり合い、互いの真意を探り合うような場面が多く存在してきた水俣にあって、「学会では、相手が言ったことを、素直に安心して受け取れる」と言っていたのが印象的です。

彼女のように、相手をありのまま受け入れ、信じて頼ろうとできる学会員のつながりが、水俣に眠る価値の再生に向けた、ほかにはなかなかない土壌となっていることがうかがえました。

水俣の「これから」

水俣の現場を歩き、見つめ続けた石牟礼道子氏は、学会員の家も多く訪れています。今回取材した中にも、彼女と交流した方や、「一緒に虫取りをしたのが石牟礼さんだった」と証言してくれた方もいて、身近な存在だったことが分かります。

先にも触れた、「今まで水俣にいて考えるかぎり、宗教も力を持ちませんでした。創価学会のほかは、患者さんに係わることができなかった」との一文の前段で、石牟礼氏は、国家や行政、裁判制度というように、支援のあり方が「システム化」され、それでは患者の魂《たましい》の行きどころがないと述べています。

患者をひとくくりにする既存のシステムでは、拾いきれず、救いきれない一人一人の苦しみに、個々に向き合うことができたのは学会だけであったと、評価していたのだと推察します。

あらゆる不条理に共通することですが、経済成長にも科学技術にも、なし得ないことはある。政治も、司法も、大企業も、大きな力を持っているとしても、万能ではない。解決できない問題は、必ず残る。例えば、司法というシステムにおいて、どれほど裁判を重ねて、支援者が大勢集まり、思う通りに勝訴をしたとしても、水俣病患者やその家族の苦しみを、完全に取り除くことはできません。

だからこそ、システムが提供し得る支援を最大限に活用した上で、一人一人の個人が、互いに支え合いながら、目の前の事実に向き合い、受け止め、自分の内で消化していけるか。それを石牟礼氏は、「恨《うら》まず、ゆるす」ことだと表現し、水俣病患者認定運動を率いた緒方正人氏は、「チッソは私であった」と語ったわけです。

同じように、水俣病の歴史、それを前に苦闘し乗り越えてきた水俣のこれからを、自分の中で捉え直し、「いかに生きるか」を見いだしていく。水俣に生きる学会員にとって、学会の人のつながりと活動とが、その経験の現場となってきた。社会の制度からもれていく人を見つけ出し、生きる活力を送っていく。学会の強じんなネットワークを再確認する取材でした。

第7章

変化の時代の「羅針盤」

――つくば・赤坂

ルポ

変わりゆく社会の中で

「最近、血圧はどうですか?」

地域の壮年部員宅を訪問する淀縄《よどなわ》聡さん(地区部長)が声をかけると、農作業をしていた壮年が手を止めて答えた。

「だいぶ調子が良くて、畑仕事もこの通り!」

淀縄さんは、個人医院の副院長。しばし、壮年と健康談議で盛り上がり、次のお宅に向かった。

勤務先の医院では、内科と外科の全般的な診療に従事。土日は訪問診療にも携《たずさ》わり、多忙な毎日を送っている。

それでも、わずかな空き時間を見つけては、壮年部員の訪問・激励へ。メールやLINEだけではなく、直接会って話し合うよう心がけている。

「訪問先は年齢も、話題もさまざまです。その中で感じたり、教えてもらったりしたことが、私自身が患者さんと向き合う時にも生かされます」

学会員の妻と結婚した当初、淀縄さんには学会への偏見もあった。

転機は、二〇一一年に息子が虫垂炎《ちゅうすいえん》をこじらせたこと。正月だったこともあり、自分で手術を行ったが、状態は悪化。自然に回復するのを待つしかなくなり、何もできない無力感に打ちひしがれた。

その時、地元の多くの学会員から励まされ、初めて題目を唱えた。

「医師としては、何もしてあげられない。そんな時でも『祈ることはできるよ』と言われて、妙に納得したんです」

真剣に祈る中で、息子は無事に回復。その後、淀縄さんは、学会活動に励むようになった。

協議会で飛び出す専門用語

筑波大学や気象庁気象研究所、ＪＡＸＡ（宇宙航空研究開発機構）の筑波宇宙センターなど、国や民間を合わせて約一五〇の研究施設が並ぶ茨城県つくば市。総人口約二五万人のうち、およそ二万人が研究に従事する日本最大のサイエンスシティー（科学の街）である。

そうした地域柄、創価学会の組織にも、学術部やドクター部※134のメンバーが多い。淀縄さんが地区部長を務める地域の壮年部は、両部の同志が一割を占める。日頃から国際会議や学会発表などで飛び回る友も多く、資料作成はお手のもの。オンラインの地区協議会でも、中心者がプレゼンテーションのように資料を画面で共有し、要点をまとめて伝える。

134　文化本部のうちの一つのセクション（⑲を参照）。

ある日の協議会。話題の中心は、未来部が楽しめる座談会の企画だった。参加者から、さまざまな案が出る。

「今日、医療者の勉強会で『ポピュレーションアプローチ』という理論が話題になって。これを未来部のメンバーとのコミュニケーションに当てはめると……」

時に専門用語が飛び出し、専門家たちの議論が熱を帯びていく。その内容には全くついていけなかったが、協議会の終盤、一人の女性部員が口を開いた。

「いろんな意見が出ましたが、未来部のメンバーに何をやりたいか、直接、聞いてみてはいかがでしょうか?」

この一言を聞いて、皆が「それが一番ですね!」とまとまった。

後日、開催された座談会では、高等部員※135の提案を受け、皆がお薦《すす》めの書籍を紹介し合う企画で盛り上がっていた。

ひたすら音読し合う壮年部の勉強会

淀縄さんの地域では毎週日曜日の夜、支部の壮年部で小説『新・人間革命』のオンライン勉強会を行っていると聞き、参加した。

最初に指名された人が、二ページ分を読む。次の人が読む。その次も……。四〇分間、ひたすら音読し合って終わった。

この方式で、皆で全三〇巻を読み終え、今は二回目の第三巻まで、研さんが進んで

135 「高等部」とは、未来部のうちの一つであり、高等学校に通う会員のセクション。

いるという。

地域の女性部員に聞くと、「私たちだったら、もっとおしゃべりの時間を増やしたくなるところですが（笑）。仕事柄か、皆さん、学ぶことへの集中力がすごいんです」と。

この勉強会を主催しているのは、藤田克英さん（支部長）。日本最大級の公的研究機関で主任研究員を務め、一〇〇万分の一ミリ単位の微小な工業材料が、人や環境にどのような影響を与えるかを研究する。

「一生を懸けて突き詰めたい。そんな研究テーマを見つけることができて、夢のようです」

そう目を輝かせる藤田さんは、紆余《うよ》曲折《きょくせつ》の人生を歩んできた。

民間企業で働いていた時に研究の面白さに目覚め、三十歳で会社を辞めて大学院に進学。博士号を取得し、現在の研究テーマと出合った時は、四十歳を過ぎていた。

この間、結婚し、二人の子どももできて生活は苦しかったが、藤田さんには貫いてきたことがあった。

「信心です。どんな状況でも、学会から離れないで心を磨いていけば、自分にとって一番良い道が開けると信じてきました」

四十五歳で現在の職場に採用され、今は研究のために海外にも赴《おもむ》く。

「研究者にも、さまざまな悩みがあります。自分の関心と異なる研究をすることもあるし、成果を出さなければ仕事も続けられない。私は遠回りをしましたが、人生を懸けて探究したいテーマと巡り合えて、その研究を行う仕事に就くことができました。信心の功徳を確信します」

学ぶほどに納得した、仏法の深遠な生命観

学術部やドクター部の友は、それぞれ専門性も高く、物事を見抜く目も鋭《するど》い。そんな友が、なぜ信仰を選んだのか――。

「私は納得しないと気が済まないタイプ」と言うのは、一九八八年につくばセントラル病院を開設し、現在は理事長・名誉院長を務める竹島徹さん（副県長、関東総合ドクター部長※136）。

病院開設前は、大学の医学部で研究に従事。入会する前は、妻・紀美子さん（圏副女性部長）から信心の話を聞くたびに、「『医学を否定するのか』と怒っていたくらいです」。

そんな徹さんが紀美子さんに連れられ、座談会に参加したのは、五〇年ほど前のこと。

悩みや課題は多い。しかし、苦悩を抱えながらも、絶対に乗り越えてみせると決意を語る皆の姿が、輝いていた。前を向いて生き抜く心意気に圧倒された。

手にした「大白蓮華※137」をめくると、「色心不二《しきしんふに》※138」との言葉に目が留まった。心と身体は密接不可分であることを教える法理だ。

当時、徹さんは胃と脳の関係に注目し、心と身体の深い結び付きについて研究して

136　ドクター部の役職。

137　創価学会の機関誌（月刊）。

138　仏教用語。二つの別のものに見える「色法（物質・肉体面の働き）」と「心法（心の働き）」が実際は分かちがたく関連していること。

いた。

〝私は生命の最先端を探究していると思っていたが、むしろ仏法者の方が、その実像に迫っているのではないか……〟

その後も仏法の生命哲学を学ぶほど、その深遠《しんえん》さに心から納得し、自ら信仰の道を選んだ。

「仏法は極めて科学的、理性的な信仰」

「私も仏法の哲理の奥深さを感じます。例えば、原因と結果が同時にそなわるという『因果倶時《いんがぐじ》※139』は、量子力学にも通じるような法理です」

そう語るのは、アンドリュー・ウタダさん（地区幹事※140）である。

まいた種《たね》が芽《め》を出すなど、通常、原因が結果となって表れるには、多少の時間差がある。

しかし、ミクロな量子の世界は違う。空間的に離れた場所にある二つの量子が「量子もつれ」という関係にある場合、片方が変化すると同時に、もう片方の量子にも変化が生じることが分かっており、注目されている。

アメリカで生まれたウタダさんは、信心に励む両親の元で育った。物理学を専攻し、世界屈指の学府・ハーバード大学大学院で博士号を取得。フランスやアメリカの企業で研究した後、生物物理学の研究者として二〇一六年に来日した。

139　仏教用語。一念に因と果が倶《とも》に同時にそなわること。「一念」については㉟を参照。
140　地区における壮年部の役職。

科学技術が発達した現代社会では、宗教というと非現実的なもの、冠婚葬祭《かんこんそうさい》といった儀礼的なものと捉える人もいる。〝信仰は、科学や理性と相いれない〟という考えも聞かれる。

しかし、ウタダさんは「仏法は極めて科学的、理性的であり、かつ現実を変革していける力を持った宗教」と語る。

「そもそも、科学も信仰のようなもの。実験で出た結果を重視し、その中で生まれた法則を信じるからです。仏法も法則です。その法則を信じて実践すると、必ず結果が出ます。それは科学者にとってインパクトがあり、十分に納得できるものです」

研究と学会活動の両立——実践してつかむ納得

数理統計学の世界的な研究者で、国立大学で教授を務める久保川達也さん（県総合長※141、総茨城学術部長※142）にも、信仰でつかんできた実感がある。

二十歳で入会し、これまで地区部長、支部長、本部長、圏長※143と、広布の第一線を走り抜いてきた。

その中で確信を深めたのは、「研究と学会活動の両立に挑戦することが、自分の力になった」ということだ。

研究は、孤独な中で真理を突き詰める作業でもある。

「研究で行き詰まった時は、自分の周りが苦しさで覆《おお》われてしまう。そんな時、学

141　壮年部の役職。
142　学術部の役職。「学術部」については㊾を参照。
143　壮年部の役職。圏における壮年部の責任者。

会活動に励むと、オアシスのような安心感と、頑張ろうという気持ちが湧《わ》いてくるんです」

また学会は人と関わり、人々のために生きようとする団体。

「その中で、もまれるから、新たな発想が生まれ、人間としての幅が広がる。教員として指導した大学院生も、私より立派な研究者に育っています」

これまで執筆した論文は約一七〇本。世界有数の研究誌にも取り上げられた。

久保川さんは言う。

「学べば学ぶほど、仏法には思想としての説得力がある。でも、真の素晴らしさは、自分で実践して〝ああ、本当にその通りだな〟って、命の底から納得できることだと思うんです」

「女性部の幸福博士には、かないません」

池田先生はつづった。

「日蓮仏法が説く『信』とは、どこまでも理性を重《おも》んじ、知性によって深められるものです」

「私たちは、妙法※144への信によって、仏の自在なる智慧《ちえ》を発揮し、さまざまな苦難を乗り越えていくことができる。その体験が納得と確信となり、さらに信を深めるのです。深まった信は、さらに広布への大情熱をもたらします」

144　仏教用語。南無妙法蓮華経のこと。

それは、まさに取材した学術部、ドクター部の友の姿そのものだった。その一人一人は、信仰を貫きながら、未来を変えるような研究に励み、人命を守るために汗を流す〝知の最先端の人〟である。

取材の折、そんな友の一言が印象に残った。

「いくら博士といっても、女性部の幸福博士には、かないません」

学歴や肩書などにとらわれない。社会的にどんな立場であったとしても、目の前の人のために心を砕《くだ》き、現実の人生の難問題に向き合う仏法者の行動。そこにこそ、本当の「信」と「知」の実践の姿がある。

互いに励まし合い、支え合いながら、それぞれの人生の高みを目指す——つくばの同志の温かなスクラムに、誰もが輝く創価の実像があった。

ある日の座談会で、湧き上がる拍手

海外からの参加者が多くいる座談会があると聞き、二〇二三年五月下旬に東京・赤坂の福運地区を訪ねた。

「シンガポールから一時帰国中です」と女性部員が語れば、「今はサンフランシスコにいます！」と男子部員がオンラインの画面越しに近況を。参加した友人が「実は、私も勤行に挑戦し始めました！」と話すと、拍手が湧き上がった——。

赤坂は、永田町や霞《かすみ》が関《せき》、六本木などに隣接し、東京の中心エリアに位置する。江戸時代には武家屋敷の街として発展し、ゆとりある区画に緑地も多い。

一方で東京ミッドタウンや赤坂サカスなど、多くのビルや複合商業施設が立ち並ぶ大都会でもあり、「社長が最も多く住む街」（町村ベース、東京商工リサーチ調べ）ともいわれる。

現代は「変動性・不確実性・複雑性・曖昧性《あいまい》」の英語の頭文字を取って「VUCAの時代」とも呼ばれ、とりわけ経済やビジネスの環境変化は予測しづらくなっている。

そうした激変する時代の先端を映《うつ》す街の一つが赤坂である。

見えやプライドの〝鎧〟を着込んでいた

座談会で会った岩尾加寿美さん（白ゆり長）も、変化の中で奮闘する一人。

〝人財《じんざい》コンサルタント〟として、社員研修やブランディング（認知度向上）事業を手がける。企業の人事課題の解決に携わる一方で、全国の講演会を飛び回る。

起業して二〇年。「以前は、肩書、業績、社会的信用……さまざまな重圧に押しつぶされそうで。『なめられちゃいけない』って、見えやプライドの〝鎧《よろい》〟を何重にも着込んでいました」

二〇一二年、生まれ故郷である港区の赤坂に移り住み、懸命に仕事に取り組んだ。だが経営の課題や人間関係の問題が続出。きらめくビル群の明かりに、〝みんな幸せそうなのに、なぜ私だけ〟とうらやんだ。

限界まで追い詰められ、婦人部（当時）の先輩に相談した。先輩は、じっくり話を聞き、こう言った。

「悩んだ時こそ、私たちは〝ザ・婦人部〟でいきましょうよ！」

その一言に「張りぼての鎧がボロボロと崩れ落ちました」。以来、唱題を根本に、学会活動も主体的に実践。一つ一つの仕事に打ち込んだ。

「見えと競争だけだった視界が、パーッと開けた気がしました。思えば、華やかそうに見えたビル群の中にも、人知れず苦しんでいる人がいる。そういう人の力になれたら」

ある日、ふと気付いた。

「私、人のことを祈ってる!?」

御祈念帳※145を見返すと、以前は仕事の利益目標ばかり書いていたのが、「○○さんが元気になるように」と、友人たちのことが加えられていた。

「そうやって祈って、かなうたびにラインマーカーを引くのが、うれしくって」

信仰で磨いた誠実な姿勢に、取引先からも厚い信頼が寄せられていく。

「仕事は変化の連続。あらゆる選択を積み重ねて今があるけど、次の瞬間には奈落《ならく》に落ちかねない。『この資格を取って、次はこれをやればいい』と安易に示すような〝地図〟は役に立たなくて、ハウツー（やり方）を真似するだけじゃダメ。変化をチャンスにしなければならない」

145 創価学会員が自身の御祈念項目（叶えたいこと）を記す帳面。

経営は、今も課題の連続。逆風の中で〝綱渡《つなわた》り〟が続くが、ありのままの自分で、もがきながら進む姿自体が自らの使命だと思えるようになったという。

そうした岩尾さんの人柄に触れ、信心を始める友も増えている。

自主性を大切に、自ら決意するまで見守ろう

そんな岩尾さんに寄り添い続けてきたのが、飯島玲子さん（支部女性部長）だ。

「だって、彼女の気持ちは痛いほど分かりますから」

飯島さんは経営コンサルタントの夫を手伝いつつ、一五年ほど前に赤坂に来た。当初は仕事があまりに忙しく、学会活動から足が遠のいた。体調を崩し、全てに行き詰まってしまう。そんな時、思い出したのは、ずっと連絡をくれていた女性部員の存在だった。

「もう一度、信心根本で」と学会活動に励むうち、健康を取り戻し、仕事も順調に。その頃、出会ったのが、岩尾さんだった。

「私自身の経験からも、誰かに言われてやるのではなく、〝自主性〟を大切にしたいと思って。仕事もされているし、最初は学会活動が二番目、三番目でもいい。彼女が自ら決意するまで見守ろうと。今では唱題の挑戦は、岩尾さんから教わるくらいです！」

オートロックのマンションも多く、プライベートに干渉《かんしょう》すること、されることを

避ける地域性もある。

「だからこそ、人とつながるにも〝丁寧さ〟が大切。連絡は部員さんに合わせた時間にしたり、約束してから訪問したり。相手の気持ちに寄り添った関わりの中で、人は育つということを、赤坂の先輩たちから教わりました」

傾いたアパートで――五〇年以上、赤坂に住み続ける理由

飯島さんが慕《した》う〝地域の大先輩〟が、坂本威雄《たけお》さん（副支部長※146）、きよ子さん（女性部副本部長）夫妻。

夫婦で一九七二年から赤坂の地に根を張ってきた。当時、威雄さんはテーラー（紳士服の仕立屋）の仕事をしていた。「物価の高い赤坂で、家計はいつも火の車。もやしばっかり食べていました（笑）」

きよ子さんが微笑《ほほえ》む。「当時は古い木造アパートで、傾いているから床に物を置くとツーと転がる。そんな小さな部屋を座談会の会場にして『みんな、もっと詰めて』って、大変でした」

終戦後にはバラック小屋が並んでいた地域もあるという。時を経て、料亭や高級クラブが立ち並ぶようになり、繁華街もにぎやかに。

きよ子さんは支部婦人部長※147（当時）を長く務めた。「仕事前の部員さんが華やかな衣装で駆け付けて、そのまま打ち合わせをすることもありました」

146　支部における壮年部の役職。
147　かつて存在した婦人部の役職。支部における婦人部の責任者。

バブル経済が崩壊した九〇年代初めには、転居せざるを得ない人も多かった。威雄さんは「いつまで赤坂に住めるか。わが家も年中、作戦会議でした」と。

やりくりを重ね、六回の引っ越しを経て、なお赤坂に住み続けてきたのには理由がある。

「子どもが小さい時に、池田先生と記念撮影していただいて。息子は軽い知的障がいがあって、いじめにも遭《あ》った。本当に悩んだ時、先生から『福運山親子城』という短冊《たんざく》を頂きました。広布の思い出を刻んできた赤坂の地だから〝ここで戦い続けよう〟って決めたんです」（きよ子さん）

赤坂に住んで半世紀。夫妻は口をそろえる。

「住民の入れ替わりも多いけど、その分、いろんな人と出会える。街もずいぶん変わりましたが、環境がどんなに変わっても、目の前の一人のために変わらない信心を貫くのが学会員ですから！」

「彼女は〝勤行ポリス〟」

座談会や地区協議会に出席するたびに勇気をもらえると語るのは、クリストファー・ダヴィコさん（壮年部員）。「クリスさん」の愛称で親しまれる弁護士だ。

日本語が全て理解できるわけではないが、困難に立ち向かう同志の姿に、いつも胸を熱くするという。

学会員の妻・康子さん（副白ゆり長）と結婚後、二〇〇四年に港区で入会し、一一年に渡米。二〇二二年、ニューヨークから赤坂に移り、再び日本での生活が始まった。

以前は信仰の必要性を感じていなかったというクリスさんだが、三代会長の獄中闘争※148を知り、「弁護士という仕事柄、投獄されて自由を失うことには重みを感じます。不当逮捕にも信念を曲げなかった池田先生を師匠と決めたんです」。

信心を始めた頃は、言語の壁もあり、勤行の実践には苦労した。

「いつも妻から『勤行した？』って確認されて。彼女は〝勤行ポリス〟だったんです（笑）。でも失職や妻の流産の危機を祈りで克服することができ、功徳を実感しました。今では〝勤行ポリス〟は、お役御免《やくごめん》です（笑）」

その後も唱題根本に課題を解決し、二〇二三年四月、事務所第一号となる外国法事務弁護士の登録を果たした。「日米の架け橋になりたい」と、飽くなき挑戦が続く。

師弟があるから〝安心して〟乗り越えていける

「私たちには池田先生がいます。師弟の信心があるから、どんな状況も〝安心して〟乗り越えていける」

そう語るのは、クリスさんの取材時に通訳を買って出てくれた、小野貴宏さん（地区部長）。不動産関連の企業で取締役を務める。

父の仕事の関係で、海外で育った小野さん。高校卒業後、母の勧めで創価大学の日

148　創価学会の牧口常三郎初代会長と戸田城聖第二代会長は、宗教・思想の統制を図る軍部権力の手によって、ともに一九四三年に治安維持法違反ならびに不敬罪の容疑で検挙・投獄される。牧口初代会長は翌四四年に獄中で逝去。池田大作第三代会長は、一九五七年に公職選挙法違反の容疑で逮捕されるものの、一九六二年の大阪地方裁判所の判決で無罪となった（大阪事件）。

本語別科に入学した。

「寮に入った初日から、驚きの連続。毎日のように、創立者・池田先生から激励が届くんです。〝日本に着いたばかりで大変だろうから〟と。多くの国で生活してきましたが、こんなに一人の学生に心を尽くしてくださる方は初めてでした」

創大を卒業後、社長秘書に。多忙かつ多様な仕事内容で前任者らは体調を崩していたが、小野さんは思わぬ事態も楽しみながら業務に当たった。転職した今も、その経験と姿勢が生きる。

「常に〝池田先生だったらどうされるか〟〝師の心に少しでも近づきたい〟と行動するから、自分を成長させていける。日々、喜怒哀楽がありますが、師弟が根本にあるから、何が起きても〝揺るがない〟〝動じない〟のだと思います」

赤坂に住んで、一〇年あまり。経営破綻《はたん》で音信不通になった起業家なども目の当たりにし、この街の厳しさも見つめてきた。

そうした中、多彩な実証を重ねる同志からの触発はもちろん、社会的な地位や肩書に関係なく、皆がフラットに励まし合えることに感謝は尽きないという。

変化の時代への〝最高の応戦〟とは

冒頭の地区座談会で、友人と一緒に参加していたのが、秋山広宣《ひろのぶ》さん（本陣長〈ブロック長〉）だ。

秋山さんは、持ち運べる充電器のシェアリング（共有）サービスを起業した経営者。同社は日本全国に展開し、さらに世界規模へ。毎週のように海外での商談があり、国内外を飛び回る。

かつてラッパー「日華」としてメジャーデビューし、日本語、英語、広東語《カントン》を織り交ぜた独自のスタイルで人気を集めたことも。

音楽業界から経営者への転身、そして多忙を極める日々の中で、信心をどのように捉えているのか――。

「学会活動は自分の生活の〝中心点〟。それがないと環境の変化に流されてしまう。中心点があるから、ぶれずに変化の波を乗りこなしていける。その〝戦い〟の中でこそ、使命を自覚できるんだと思います」

そうした確信をありのまま伝え、これまで六〇人以上の友を入会に導いてきた。

妻・朋絵《ともえ》さんは二〇二二年、地区女性部長に任命された。「ベンチャー企業ですから、夫の仕事は毎日が大変なことだらけ。でも、地区女性部長になってから、私の頭の中は、それよりも、地区の皆さんのことでいっぱいで（笑）」

どんな活動も二人で全力で取り組む姿が、地区に活気を呼んでいる。広宣さんは言う。

「自分自身を日々、人間革命していくことこそ、変化への〝最高の応戦〟だと思うんです。私たちには、それを誰よりも体現してこられた師匠がいる。これほど心強いことはありません」

池田先生は、変化の時代に生きる仏法者の姿を「変化のなかでただ一つ、不変にして常住※149の法が妙法である。ゆえに妙法への信心が不変であれば、何が変わろうと驚くことはない」と述べ、「むしろ一切の変化を、より大きな幸福へと生かしていけるのである。そう確信し、カラッと愉快に、楽観主義で――これが大聖人の仏法を持った信仰者の生き方である」と語った。

絶えず変化し続ける世相《せそう》にも、信心に軸足を置き、全てを自他共の幸福へと価値創造する。その中で変化をも味方に変えていける。

激変する時代の最前線を生きる友が、異口同音《いくどうおん》に語る信心の実感である。

149 仏教用語。常にとどまること。「無常」に対する語。

解説——開沼 博

「貧・病・争」なき時代

かつての日本には、「貧・病・争」に代表されるような分かりやすい問題が、社会の共通課題として存在し、多くの人々の生活を脅《おびや》かしていました。ゆえに、それらを乗り越えることが、そのまま人々の幸福感に結び付いていた。

しかし、日本が自由や豊かさを享受《きょうじゅ》した現代において、貧・病・争のような目に見える問題は減りました。乗り越えるべきだった眼前の課題がないのであれば、人々が求める幸福もまた、かたちを変えているはずです。ではそれは、どのような幸福なのか。そこに信仰は、どのような役割を果たしているのか。

今回、お会いしたのは、つくば市の学術部、ドクター部の皆さんや、東京・赤坂で厳しい競争社会を生き抜く学会員です。社会的に成功を収め、一見、貧・病・争とは無縁のように思える人たちであり、また、宗教とは対極に位置付けて捉える人もいるだろう、科学的・経済的合理性の追求を日常としている人たちでもあります。

私のような外部の者からすれば、一見、宗教との接点が見えにくいようにも思える人たち。

彼らが信仰に向き合い、各々の領域で活躍を続ける原動力を探るべく、取材に伺いました。

〈二一六頁ルポを参照〉

科学と宗教の補完性

近代化が成熟すればするほど、宗教的なものは社会から衰退していくというのは、社会学の基本をなす前提です。近代化の象徴である医療や科学は、宗教とは〝相《あい》いれない〟と考える人も多い。つくば市で長年、地域医療に尽くす竹島徹さんも、入会前は、そうした思いを持っていたと語っていました。

入会前、信心の話を聞くたびに、竹島さんは「医学を否定するのか」と怒ったといいます。しかし、連れられて参加した座談会で、悩みや課題を抱えながらも前向きに生きる学会員の姿に圧倒され、そこから、医師の仕事と仏法との接点を見いだし、学び深めていきました。その真剣さも、そこに見いだす意義も、医学の道を究《きわ》めてきたがゆえのものでしょう。一つの道における向学の人が、仏法を体得していくスピードも速いというのは、理解できることです。例えば、竹島さんは、生理学などにおける「ホメオスタシス」※150は、はるか以前に説かれた仏法の「妙の三義」※151によって説明されている、と語っていました。

150　外部の環境の変化を受けても、体内が一定の状態を保とうとする調節機能。
151　妙法蓮華経の「妙」の一字にそなわる働き。「具足・円満」「開く」「蘇生」の三義のこと。

当初は反発していた人が、心から納得して信仰の道を選んだ時、その反発すらも〝バネ〟に変えて急速に信心を深めていく。竹島さんが、「病院の経営が傾いた時も、祈って全てを乗り越えました」と、合理性では説明できないような喜びの体験を語っていたのが印象的でした。同じく医師である金子剛さんも、創価学会の活動の意義を、医学的な視点から明快に語ってくれました。

例えば、会合などで外出する際に、身支度《みじたく》をしたり、何を話そうかと頭を使って考えたりすることは、多くの人にとって生きがいとなり、心身の健康を保つことにもつながっているはずです、と。非科学的だと思われがちな宗教にも、科学的な理由付けが可能な部分があることの具体例であると感じました。

つまり、デイケアのような機能が、学会内にあると見ることもできる。外出を促し、会話し、手作業などをするサービスとしてのデイケアは、比較的近年になって、高齢者等に向けて広く提供され始めた福祉サービスですが、それより前から、学会内には、自然発生的にそうした仕組みが存在してきた。日頃の活動を通して、学会は、心身の健康の促進はもちろん、孤立や孤独死といった、急増する社会課題への対処となり得る機能を、長年、守り続けてきたということです。

一年前からがんを患《わずら》っていた人でも、気持ちが落ち込むのは、それを宣告された時からだといいます。つまり、元からある「病」に「気」持ちが合わさって、「病気」になる。

この例え話を通して、金子さんは、病気の「病」を治すのが医師の仕事である一方で、「気」

へのケアのプラスになるのが信仰であると言っています。相いれないのではなく、互いが互いを補うものとしての、科学と宗教の関係性を表現しています。

研究者にとっての学会活動

医療や研究で、ただでさえ多忙な人たちが学会活動に時間を割《さ》くのは、そこにどんな価値を見いだしているからか。藤田克英さんの答えは明快でした。

「人間としてもっと成長し、自分を高めていきたい。これが私の本源的な思いです。心から尊敬できる人に出会える学会活動が、自分を磨く場になっています」と、藤田さんは語ります。

信仰の原点となっていたのは、座談会でした。研究者同士が集まる組織にも所属してきましたが、学会の座談会ほど、多様な人が垣根なく、何でも語り合える空間はない、と。アメリカ留学時に参加した座談会でも、人種や職種を超えてメンバーがいた。人種別に分かれることが多いキリスト教の教会と比べて、その多様性に驚き、感動したといいます。

座談会を中心とする学会活動に活力を得て、藤田さんは研究の分野でも、苦労を重ねて奮闘してきました。三十歳で会社を辞めて大学院に進学し、四十五歳で現在の職場に採用されるなど、遠回りのように思えた研究生活も、人生を懸けて探究したいテーマと巡り合えたことが「信心の功徳です」と。信仰を通して、ぶれない「自分の軸《じく》」を築いたことが、研究者として生き抜く力になってきたのだと感じました。

学問には各々の領域に知の体系がある。研究者はそれを、「学問の軸」として常に参照する。同時に「人生の軸」を信仰に見いだした。この二つの軸が相互に作用しているという構図が見えました。

アンドリュー・ウタダさんも、学会活動が研究者としての自分を支えてくれたと語る一人です。

科学では、実験で出た結果を重視し、その中で生まれた法則を信じます。一方、仏法もまた、法則を信じて実践する中で結果が出る。ウタダさんは、科学と信仰に深い共通性を見いだしていました。

研究の成果が表れるのは、一朝一夕《いっちょういっせき》ではありません。それでも粘り強く追究を続けていく先に、初めて、思っていた通りの結果が出ます。努力が報《むく》われないこともある世界で、成果が出るまで挑戦をやめない持続と粘り強さの源泉が、信仰だった。「学会活動に励むことが、自分自身を保ってくれた」と、ウタダさんは言っていました。

千差万別の師弟観

つくば市で取材した方々の多くが、池田大作第三代会長と自分という師弟関係を、さまざまな角度から話してくれました。その一人が、久保川達也さんです。

学者は一人で研究にこもりがちで、気持ちが弱ることもある。久保川さんも、学生の頃、入会前は、自分に自信を持てずにいたといいます。その中で信仰に出あい、人のために行動することに喜びを感じるようになっていった。それと同時に、学術の世界でありがちな「ゼロかイチか」の視野を広げ、苦難を前に、すぐには解決できなくとも負けないといった〝中道的[※152]な〟生き方を磨いていった。

そうした学びが学問にも生かされたからこそ、学会活動の最前線を走りながら、これまで約一七〇本もの論文を執筆してこられたのでしょう。

その久保川さんは、池田会長が学会員に対してそうであるように、学生たちを〝自分以上の人材に〟と日々、祈り、親身になって励ましている、と。事実、久保川さんの元から、多くの優秀な研究者たちが育っています。

学術の世界で、師弟関係を結ぶことは自然なことです。一方で、仏法でも師弟関係を大切にしています。異なるもののように見える二つの師弟関係を、どちらも等しく大切にしている久保川さんの姿は、印象的でした。

一方、淀縄聡さんは、壮年部で行っている小説『新・人間革命』の勉強会を通じて、池田会長の存在を身近に感じていました。

『新・人間革命』は、日本や世界の時代背景とともに、学会の発展を描いた小説です。そこでは「歴史も文学も哲学も学べる」と、淀縄さんは言います。世界が変動する中で、池田会長がどんな国で誰と会い、どのように人を励ましてきたのかを知ることで、日々の学会活動が大切な理由にも「納得がいった」と。

152 「中道」とは、相対立する両極端のどちらにも執着せず偏らない見識・行動。

入会前は自身にも学会への偏見があったと言う淀縄さん。「納得」を大切に訪問・激励や仏法対話など、一つ一つ、なぜやるのかを自分で考え、実践に移していた。同時に、自分にはできないと思うことがあれば相談した。周囲も無理強《じ》いはしなかった。いわゆる盲信とは全く違う現場感覚を、淀縄さんだけでなく、周囲の皆も持っているのだと感じました。

その積み重ねが、今、淀縄さんの信仰の基盤となっている。かつては固辞《こじ》したという地区部長の就任も、コロナ禍での活動形態の変化も助けとなり、喜んで受け入れた。今も自然体で、地域の激励に歩いているといいます。理解と納得を深める中で、〝学会活動のキャパシティー(容量)〟が広がったようにも見えました。

納得のいく信仰を持ち、師匠を持つことが、人生を豊かにしていく。これが、今回取材した方々の話に共通していた価値観でした。でもその師弟の捉え方は、久保川さんや淀縄さんの例を見ても分かるように、多様であり千差万別です。

池田会長との直接の出会いを転機とする人もいれば、著作を通して師弟に迫っていった人もいる。あるいは、身近で尊敬する誰かの存在が、池田会長を深く知るきっかけになったりもしていました。遠距離からもあれば、近距離からもある。

外からはなかなかうかがいしれないような、創価学会内部にある仏法の師弟。その内実は、人によって伸び縮みするような柔軟さを持ちながらも、多様で重層的な関係性であることを、理解することができました。

悩みが消えることはない

「社長が最も多く住む街」ともいわれる赤坂は、東京の中心エリアであり、邸宅街や料亭が軒《のき》を連ねます。学会の中にも、ビジネスの世界で新しい道を開拓する人たちが、多くいました。最初にお会いしたのは秋山広宣さん・朋絵さん夫妻です。

社会で成功を収めている人たちが、なぜ、信仰を必要としているのか。秋山さんに聞くと、即座に、いくつもの理由を挙げられたのが印象的でした。

まず、華やかに見えても、悩みが消えることはない、と。例えば、裕福な家庭で生まれたとしても、相続を巡って身内がぎくしゃくしたり、名門校への進学を期待されたりといった息苦しさもある。貧・病・争に無縁なように見えても、悩みは人それぞれにあるからこそ、信仰を必要とする度合いは変わらないと語っていました。

また、経済的には豊かであっても、人生の目的を持てない人は多くいる。秋山さんの話には説得力がありました。「人間の胃袋は一つだし、寝る場所は一箇所です。いくらおいしいものを食べたり、別荘を所有したりしても、その満足の先にもっと大きな目的観がなければ、人生が満たされることはありません」と。

最近も、名門大学を出て金融業で働く、客観的に見れば経済的にも人間関係にも満たされているとしか評価できない青年が、生きる哲学を求めて創価学会に入会したといいます。常に成果を求められる世界に生きる若者たちが、経済的な指標にとらわれない、本当の「豊かさ」を求めて信仰の道に入っていく。信仰と、ビジネス等の基盤をなす合理性の接点を示す、象徴的な例であると感じました。

妻の朋絵さんが、「外を歩けば、いつも二、三人の知り合いに出会う」と語っていたのも印象に残っています。

都心は人の入れ替わりも激しく、マンションの隣部屋に誰が住んでいるか知らない人も多いと聞きます。その例にもれない赤坂にあっても、日常的に声をかけ合い、悩みを分かち合うような、人と人のつながりを保っている。人を孤立させない、中間集団としての学会の価値を再確認できました。

「人生の軸」としての信仰

厳しい競争社会で生きる人たちにとって、仕事の波や人間関係の波はつきものです。その中で、信仰が人生の軸となり、自分を立て直す力となっていた。

岩尾加寿美さんも、そうした経験をした一人です。

岩尾さんが会社を立ち上げた頃、女性の起業家はまだ珍しかったといいます。「なめられちゃいけない」と肩ひじを張り、見えやプライドの〝鎧〟を着込んでいた、と。自己啓発本を、数千冊読んだとも言っていました。

それでも、一時はうまくいったように見えても、経営の課題や人間関係の問題などが次々と起こった。ならばと、さらに勉強し、人付き合いを重ねていったが、それでもまた、行き詰まる。転機《てんき》となったのが、婦人部（当時）の先輩の激励でした。

日々の唱題に真剣に励む中で、人生の歯車が回転し始めていった。ともすれば、祈る時間があるなら仕事をした方がいいという解釈もあるのでしょうが、岩尾さんにとって祈る時間は、自分を見つめて課題をあぶり出す時間となり、そこでの心境の変化が、仕事にもプラスに生かされていった。取材した学会員が、共通して語っていた点でもあります。

変化の連続の時代にあっては、行き先を安易に示してくれるような〝地図〟ではなく、変化をチャンスに変える人生の〝羅針盤《らしんばん》〟が必要――彼女の言葉は、「人生の軸」としての信仰の価値を物語っています。

岩尾さんは、経営者が多く集《つど》う団体などにも所属してきました。表面的には交流が深いようでも、そこに集う人たちは利害関係で結ばれ、心の内を本音で語れるような人と出会うことは珍しい。実際、岩尾さんも、かつては〝自分が一番に〟と考えていたと語っていました。

しかし、学会活動に励む中で、ものの考え方や、人への接し方など、「すべてが変わっていった」と。人の幸せのために行動することが、自らの喜びになった。以前は仕事の利益目標ばかり書いていた御祈念帳は、今では、「〇〇さんが元気になるように」と、多くが友人たちのことだといいます。

私自身、学術の世界で生きる人間として感じているのは、〝自分が関わってもらったように、人に関わっていくようになる〟ということです。例えば、学生に対する私の指導の仕方が、知らぬうちに、私の学生時代の、指導教員のそれに似てきているのを感じます。でもそれは、時を超えても再現可能な教え方や精神性を、私の師匠が教えてくれ、私の体がそれを〝思い出した〟のだといえるかもしれません。

同じようなことが、創価学会のコミュニティーにもあると感じています。岩尾さんが、自分を見守り、寄り添い続けてくれた先輩たちのように、今、人の幸せに心から尽くしている。こうした行動規範を全国の津々浦々で確立して、それを伝播《でんぱ》し、強化させていった点に、学会の強さがあるのでしょう。

「クリスさん」の愛称で親しまれる、弁護士のクリストファー・ダヴィコさん。以前は、信仰の必要性を感じていなかったといいます。

カトリックの家庭に生まれ育ったものの、思春期になり信仰から離れていったという話は、社会学の視点では近代の世俗化を象徴していますし、日本でも近頃、話題になっている「信仰の継承」の問題に通ずる点だといえます。

そんなクリスさんですが、入会後は、座談会や地区協議会で聞く信仰体験に触発を受けるようになり、仕事においても、信仰の意義を見いだしていきます。弁護士といっても華やかな面ばかりではなく、仕事の大半は、事務所での書類作成などです。しかし、クリスさんは、書類で目にする個々人の名前の先に、その人の顔を思い浮かべ、置かれた状況に思いをはせるようになっていった。

一般的に、信仰には、他者に対する想像力を育《はぐく》む側面はあるでしょう。とりわけ、一九二カ国・地域にネットワークを持つ学会員は、世界のほぼどの地にも、〝同じ目的を共有する同志

つくば文化会館にて、(右から左に)竹島徹さん・妻の紀美子さん、金子剛さん・妻の洋子さんと
©Seikyo Shimbun

がいる〞という感覚を持っているはず。グローバルな視点を持つクリスさんもその一例ですが、信仰を通して育む想像力は、学会において、とても深く豊かであることを再確認しました。

クリスさんと一緒にお会いしたのが小野貴宏さんです。

会社の重役であり地区部長という、意志と忍耐がなくては務まらないであろう〝二足のわらじ〞を履く小野さんですが、その原動力には「師弟」がありました。創価大学の学生時代に刻《きざ》んだ、創立者である池田会長との絆《きずな》があるから、どんな事態にも動じずにいられる、と。

強い信仰の根っこがあるからこそ、多様な人間模様の地域における活動でも、的確かつ時宜《じぎ》を得た励ましを送れるのだと思います。「相手のことをよく知って、信仰で立ち直る手助けをしています」と。自然体で活動に励んでいる様子が、印象的でした。

地域を支える拠り所

人の入れ替わりが激しい赤坂の地に、五〇年以上、住んでいるのが、坂本威雄さん・きよ子さん夫妻。多くの人たちから慕われる、地域の大先輩です。

〝庶民〟を地《じ》でゆく夫妻でした。決して裕福ではなく、いつまで赤坂にいられるかを話し合いながら、必死にやりくりを重ねてきた。引っ越しは六回を数えたといいます。それでも赤坂に住み続けてきたのは、「広布の思い出を刻んできた地だから」と。

夫妻は、「環境がどんなに変わっても、目の前の一人のために変わらない信心を貫くのが学会員です」とも語っていました。終戦後にはバラック小屋が並ぶ地域もあったという赤坂が、現在のような一等地に変貌《へんぼう》を遂げた。街が変わり、人が入れ替われど、二人は変わらずに、地に足を着けた信仰を貫いてきた。

若く、裕福で、社会で重責を担う人がどんどん増えていく地域にあって、窮屈《きゅうくつ》さを感じたとしても、不思議ではありません。しかし、坂本さん夫妻が取材の際、地域の発展と学会員の活躍を、ひたすらに「うれしい、うれしい」と口をそろえていたのには、胸が熱くなりました。

また、夫妻は、老人会やゴミ拾いといった地域活動にも率先して参加しています。野菜のおすそ分けやガーデニングなどを通した隣人付き合いも大切にし、自分から心を開くことを意識している、とも。競争の厳しい赤坂の地にも、人間味を残してきたのが、坂本さん夫妻をはじめとする、地域に根差した学会員の実践であるのだと思います。

ドイツの社会学者であるテンニースは、「ゲマインシャフト」「ゲゼルシャフト」という対立する社会集団のあり方があると指摘しました。地縁や血縁といった地域の共同体を指すゲマインシャフトは、近代化とともに衰退し、企業組織など利害関係によって結ばれたゲゼルシャフトの重要度が高まるという、社会学の基本的な理論です。

しかし、あらゆる集団が組織化され、合理性を追求するようになると、人間は自分自身を見つめ直し、心で結ばれ支え合う人間のつながりを探して、再び、ゲマインシャフトのようなものを求めるようになる。その受け皿としての機能を創価学会が果たしてきた面がある。

今回取材した、つくば市や赤坂は、一人一人が強い「個」を発揮させ、ゲゼルシャフトが優位に働くことの多い地域です。ゆえに、ゲマインシャフトの価値は際立《きわだ》つ。

心身をすり減らすような厳しい変化と競争の中で、学会員が地域を静かに支え、人々の拠《よ》り所《どころ》となっている様子を見ることができました。

第8章

「グローバル化」の鍵——SGI

ルポ

世界への広がり

会場に足を踏み入れると、まるで海外に来たかのようだった——。

二〇二三年七月末に都内で開かれた、TIG※153青年部の座談会。会合は全て英語で進み、初めて来たメンバーや友人の参加も多い。

今回の参加者の出身国は、アメリカ、スペイン、インド、タイ、シンガポールなど。毎回、少人数に分かれてディスカッションも行っている。この日のテーマは「師弟」。ある人が「師弟は、まだよく分からない」と率直に切り出すと、別のメンバーが「難しく考える必要はないと思う。私にとって師匠は……」と語り始める。

会合の最後に歌ったのは、TIGの愛唱歌「勝利の大道」。皆が自然に立ち上がり、体全体でリズムを刻む。

終了後は、恒例の記念撮影を。「TIG!」「Sensei（先生）!」のかけ声に、笑顔がはじけた。

青年部責任者のノリト・ハギノさんが教えてくれた。「TIG青年部には、四〇カ国から来た約三七〇人のメンバーがいます」

首都圏を五つのエリアに分け、訪問・激励にも取り組む。月二回の青年部座談会、

153　首都圏在住で英語を話す海外出身のSGIメンバーの集い「東京インタナショナル・グループ」のこと。

年一回のユース・フェスティバルなどがあり、TIG青年部の創価班や白蓮《びゃくれん》グループが運営を担う。

母の体験発表の原稿を英訳したら……

来日するメンバーの中には〝学会二世〟〝三世〟も増えているという。

アメリカ・シカゴで生まれ育ったケニー・コハギザワさんも、その一人。

「でも、高校の頃は信心する意味が分からなくて。違う宗教を経験してみたいと思って、大学時代はキリスト教の教会に通っていました」

ある時、シカゴの座談会で、母が体験発表をすることに。日本語の原稿を英訳してほしいと頼まれた。

渋々手に取り、母の原稿を読み進めて、はっとした。

ケニーさんと妹を育ててきた愛情。二〇〇一年の同時多発テロ後、父が営《いとな》む小さな旅行会社が苦境に立たされたこと。

原稿には、信心を抱き締めて懸命に生きてきた日々がつづられていた。

「ケニーも、御本尊様をいただいてほしい」との母の一言に、「また一からやり直そうと、信心を選び取ることができました」。

大学卒業後、日本の銀行に就職が決まり、二〇〇九年に来日。しかし、文化の違いに戸惑《とまど》う。職場の上下関係や敬語に慣れず、「アメリカでは、こうじゃない」と不満ばかりが募《つの》る。

上司と衝突を繰り返し、関連企業への出向を命じられた。〝何一つ、うまくいかない……〟。深夜に泣きながら帰った日、駆け付けてくれたのが男子部の先輩だった。

「愚痴《ぐち》も文句も全て聞いて、一緒に祈ってくれて。その後、連れて行ってもらって食べたラーメンの味は忘れません」

東京・世田谷で男子部の活動に取り組み、創価班大学校※[154]（当時）に入った。やがて、ＴＩＧの活動にも参加するように。

多くの先輩に触れる中で、「祈り」の力強さを実感したという。

「以前は〝どうせ自分なんて……〟と考えてばかり。でも学会では〝必ず、こうしてみせる！〟と決意を深める祈りを教わった。祈り続け、初めて自分の可能性を信じることができました」

仕事の姿勢も変わった。積極的に同僚とコミュニケーションを取り、大きな案件も任《まか》されるように。その後、出向先から戻る辞令を受けた。

転職して数社で経験を積み、二三年から世界有数の金融企業で働く。

現在、ケニーさんはＴＩＧ男子副責任者※[155]としてメンバーの激励に駆ける。妻・アリス佳子さんもＴＩＧ女子部のエリアリーダー※[156]として、共に活動している。

同じくアメリカ・シカゴ出身のアリスさんは、十六歳で来日後、大学生の頃からＴＩＧに参加してきた。

154　かつては創価班、牙城会それぞれに大学校と呼ばれる人材育成グループがあり、1年間の学びを経て、それぞれのグループに所属した。(99)を参照。
155　ＴＩＧの役職。
156　ＴＩＧの役職。居住エリアにおける女子部の責任者。

「日本に住む外国人には、仕事やビザの問題、コミュニケーションや文化の違いといった、共通の悩みがあります。それをシェア（共有）できるＴＩＧは、大きな支えになりました」

言語の壁ゆえ、外国人が社会で置き去りにされることもある。例えば災害時など、日本語ができないと、必要な行政の情報が得られない場合も少なくない。

コロナ禍の際も、ＴＩＧでは行政のウェブサイトを調べ、必要な情報を英語で提供したり、困りごとを聞いて連絡を取り合ったりした。こうしたつながりは、大切なセーフティーネット（安全網）になっている。

アリスさんは強調する。

「私にとって信心は、どんな困難があっても乗り越えていく、最高の〝心の筋トレ〟。孤立しがちな社会の中でも、ＴＩＧは信心で団結できる大事な場所です」

「あの〝一時間〟は生涯、忘れない」

二〇一八年に来日した、ウン・ジャ・ウェンさん。彼女も「知り合いのいない日本で、ＴＩＧが私と信心をつないでくれた」と語る。

マレーシア・ペナン出身で、祖母の代から信心に励んできた。創価大学への留学を目指して来日した。

だが、創大受験は三年連続で不合格。「最初は、これからどうすればいいのか分からなくて、涙が止まりませんでした」

通知を受け取った日、ルームメートが帰ってくるまでの一時間、御本尊に祈った。

「いろんな気持ちが出てきました。でも、どんな思いでも全て、御本尊様に向けて祈るんだって」

唱題を終え、マレーシアの母に電話をかけた。「もう大丈夫。私は〝次に進む〟って決めたよ」

祈る中で「ぐちゃぐちゃだった気持ちが、少しずつ整理されて。このまま全てを諦《あきら》めちゃダメだって思いが、湧《わ》いてきたんです」。

ウェンさんは「あの〝一時間〟は生涯、絶対に忘れない心の戦いです」と。

その後、都内の大学に進学。日本語で講義を受けるのは大変だったが、悩んだ時ほど、TIGメンバーとの語らいが励みになったという。

TIG女子部ではエリア副リーダー※157を務め、同じマレーシア出身の友人に仏法対話を続け、一緒に唱題も実践してきた。

大学を卒業した二三年、飲食業の大手企業に入社した。店舗の運営や接客を任され、毎日が挑戦の連続だという。

ウェンさんは言う。

「マレーシアも日本も、どこでも信心は同じ。先生の指導を学んで、唱題や対話を実践して。そうすれば、途中がどんな結果でも失敗じゃない。最後は、自分にとって

157　TIGの役職。

一番意味がある道に進めると実感しています」

三度目の教員採用試験で

ＴＩＧ男子副責任者のシンイチ・ゼベリングさんも、仕事で壁にぶつかった経験を持つ。

ドイツ・デュッセルドルフで、日本人の母とドイツ人の父の元に生まれた。二〇一〇年、創価大学の日本語別科への入学を機に来日した。

その後、創大の教育学部に進んで教師を目指した。教職課程の講義は難しく、教員採用試験の勉強は、さらに難易度が上がる。問題集に一日中かじりついても、二ページしか進まない日もあった。

「日本の歴史、地理、食べ物……。ドイツで育った私は、日本人なら誰でも知っているようなことも分からなくて。バレイショがジャガイモのことだと知った時はびっくりしました（笑）」

猛勉強したが、採用試験は不合格。卒業後は、産休の代替教員として都内の小学校で働きながら、試験勉強を続けた。

だが、二度目も落ちた。毎日の仕事と試験の準備に疲れ果て、学会の会合に向かう元気も出なかった。

それでも、ＴＩＧや地元組織※158の同志は、励まし続けてくれた。

158　人材育成グループなどに対して、ブロックや地区、支部、本部など、所属する地元の組織のことを指す。

ふと手に取った聖教新聞に目が留まる。そこには「困難を、絶望の壁と見るか、成長への糧《かて》と見るか。一念の変革で、未来は大きく変わる」と。

もう一度、信心根本に挑戦しようと決めた。二年目は、別の小学校の産休代替教員として働いた。学年に一クラスの小規模校のため、授業から学級運営、さまざまな行事まで、「教師の仕事の全てを学べました」。翌一六年、三度目の試験で合格をつかんだ。

数年前、ある児童から手紙をもらった。「ゼベリング先生に出会えたから、私も将来、世界に行ってみたいです」と。

その便箋《びんせん》は、今でも大事に取ってある。

学会では、東京・葛飾で男子部副部長として活動しながら、TIG男子部の人材育成グループ「ライオン・ハート・グループ」の委員長も務める。

「以前は、日本での滞在を終えると母国に帰る人が多かったですが、最近は、さらに別の国へ飛び立っていくメンバーも。これからも、TIGから世界に羽ばたく人材が続きますよ!」

実際に、インド出身でTIGを経て、イギリスでリーダーになった人もいる。

〝自分自身のまま〟でいられる場所

世界に広がる創価の連帯に触れて、日本に来たメンバーがいる。インド・デリー出身のギータンジャリ・ダンカールさんだ。

大学時代にルームメートから折伏を受け、インド創価学会に入会。法律事務所に勤め、環境破壊の影響で苦しむ人々を法的に支援する仕事をした。

その後は、国連開発計画（UNDP）やインド政府の仕事にも携《たずさ》わった。

そんな彼女が来日したのは、創価大学で平和学修士号を取るためだった。インドの親友がアメリカ創価大学※159出身で、創価教育を薦《すす》めてくれたという。

二〇年に来日し、大学院を修了。二四年から、インドの大学で教壇に立ち、リーダーシップの授業を担当しながら、並行して博士課程で研究も行っている。

ダンカールさんは、「以前は、信仰と現実生活を分けて考えていました」と。TIGで活動する中で、信心の捉え方が変わっていったという。

日本で働くことの挑戦、家庭生活の課題との格闘、その根本に信心があること──メンバーが語る信仰は、現実の生活と直結した〝生きる力〟だった。

「人生の目的と信仰は別々ではない。人の幸福に尽くす広宣流布のビジョン自体が、私の現実生活や研究活動の目的そのもの。〝信心即生活〟を学びました」

ダンカールさんは、TIGを「ベリー・スペシャル（とても特別）」な場所だと言う。

「育った国も文化もさまざまなメンバーがいて、こんなに多様なところはない。それぞれ違う文化や背景を持っているけれど、全てを包み込む仏法の精神があるから、皆が安心して〝自分自身のまま〟でいられるんです」

159　二〇〇一年、池田大作第三代会長によって米・カリフォルニア州に創立された私立大学「Soka University of America」のこと。

池田先生は、つづった。

「言語や文化を超えて、心と心が一つになる。創価の異体同心※160の『調和』の世界には、信心という『心』で結ばれた、最も強く最も深く最も美しい『人間の絆《きずな》』があります。この麗しき人間共和の世界を築き広げることは、二十一世紀の宗教の何よりの証明といえるでしょう」

取材したメンバーは、生まれた国も文化も、仕事も母語も違う。それでも皆が「この信心は、世界中の人々が求める思想・哲学です」と、口をそろえる。

世界のどこにあっても、家族に再会したかのような安心があり、自身の成長を確かめられる場がある。それも世界共通の創価学会の一側面だろう。

冒頭の青年部座談会で皆が歌ったTIG愛唱歌「勝利の大道」の歌詞には、こうある。

「私は希望を選択する。新しい未来は私たちの手に」

「グローバル・ファミリー、先生と私たちTIG!」

一分近く続いた拍手と大歓声

待ち焦がれた瞬間が、ついに訪れた。

コロナ禍のため、実に四年ぶりとなるSGI青年研修会※161が、二〇二三年八月三十一日にスタート。四四カ国・地域から一〇六人の同志が来日した。

開講式を飾るオープニングで、音楽隊・鼓笛隊が歓迎の演奏を響かせると、一〇六

160　外見の姿形は異なっていても内面は同じ心であること。
161　SGIの青年部による研修会。おもに東京・信濃町で開催される。

人の喜びが爆発した。拍手とともに、やがて皆が立ち上がり、司会の声もかき消されるほどの歓呼が。湧き上がる大歓声は、一分近く続いた。

開講式で活動報告を行ったのは、南米ベネズエラのオマイラ・サルダ・ナランホさん（副女子部長※162）。

ここ数年、ベネズエラの社会状況は過酷を極めるという。二〇一九年には一時、物価上昇率が二六八万％になり、ハイパーインフレに。二三年までに国内総生産（GDP）が八〇％減少し、多くの国民が物を買えなくなり、貯蓄もほとんど価値を失った。「生きるために当然あるべきはずのものがない」とオマイラさん。仕事はおろか、水道や電気、通信等のインフラ、医療サービスも不足した。

その結果、人口の四分の一ほどにもなる、七〇〇万人以上が国を離れた。「当初は、私も国を出ようと思っていた一人でした」

「オマイラは〝ろうそく〟のようだ」

信心いちずな母に学び、オマイラさんは十四歳で自ら入会した。父の闘病や経済状況の悪化に向き合い、女子部の活動や白蓮グループ※163の任務に取り組んできた。

二〇二〇年には、コロナ禍の影響で就職先が見つからず、恋愛の悩みも重なった。「宿命を転換したいと、毎日ひたすらお題目をあげて、御書を拝読しました」

翌年には企業への就職が決まり、最高のパートナーに出会うこともできた。

162　ベネズエラSGIの役職。
163　女性部の人材グループ。会合等での受付や誘導業務を行う。

そんなオマイラさんのことを、友人たちは「〝ろうそく〟のようだ」と言う。暗く厳しい社会にも希望を失わず、周りの人を明るく照らしてくれる――と。

功徳は数え切れないほどあるが、最高の功徳は「使命に生き抜く時、自分はどこまでも強くなれる」と知ったことだと力を込める。

社会の安定、平和を願い、それが自身の使命だと定めるメンバーも多い。

オマイラさんが弘教《ぐきょう》した学生時代の友人は、移住先からベネズエラに戻り、女子部のダンスグループのリーダーとして活躍する。最初は生活の改善を祈っていたが、やがて、母国の広宣流布が自分の使命だと感じて帰国したのだという。

オマイラさんは語る。「SGIの友は、厳しい生活の中でも懸命に生きようと前を向いている。その姿自体が、周囲の人たちの〝希望の光〟となっています」

ベネズエラの厳しい社会状況の中で、希望を探し求めて、創価学会の信仰にたどり着く人も多くいる。

コロナ禍を経た二年余りで、五〇〇人を超える会員が新たに誕生した。

植林や清掃をはじめとする社会貢献活動や「希望と行動の種子」展※164の開催、合唱祭や宗教間対話フォーラムなどを通し、ベネズエラSGIは、縁する人々に勇気を送り続けている。

白黒の漫画が、急にカラーになったような衝撃

164　コスタリカに本部を置く国際NGO「地球憲章インタナショナル」とSGIが二〇一〇年に共同制作した環境展示「希望の種子」展は、この一〇年間で五大陸四〇カ国・地域を巡回した。同展を二〇二〇年にリニューアルしたものが「希望と行動の種子」展。

青年研修会では、異なる国のメンバーが車座になって語り合う「大陸間交流」も。「青年が直面している課題は？」などを活発に話し合う中で、目を輝かせていたのが、アメリカSGIのグレイディー・テッシュさん（圏男子部長※165）だ。

ジャズミュージシャンとして、世界各国を駆け回るグレイディーさんは、かつてメンタルヘルスの不調に苦しんだという。

二〇一二年、地元のユタ州からニューヨーク大学の音楽学部へ。人間関係が希薄《きはく》な都会の生活に戸惑い、最初の学期末を迎える頃、うつ病と診断された。

誰にも会いたくない。そんな時、ふと手に取ったのが一枚のCDだった。それはジャズ界のレジェンド、ウェイン・ショーター氏のアルバム。豊かな人間性がにじみ出る、生き生きとした演奏に魅了された。

「どんな人なんだろう」。ショーター氏の自叙伝を読むと、そこには、彼が創価学会の一員として、困難に向き合ってきた信仰体験がつづられていた。

アメリカSGIのホームページを検索し、題目の唱え方を調べた。見よう見まねで唱題してみると、「自分の中から希望や活力が湧くのを感じたんです」。

その後、ニューヨークの会館を訪れ、やがて学会の活動に参加するように。

驚いたのは、「SGIの会合に、多くの人種の皆さんが参加していたこと。白黒の漫画を読んでいたら、急にカラーページになったような衝撃を受けました」。

入会当時の記憶と興奮をたどりつつ、グレイディーさんは言葉を継《つ》いだ。

165　SGIの役職。圏における男子部の責任者。

「国として見れば、アメリカは多くの人種がいて多様に見えます。けれども実際には人種ごと、地域ごとにコミュニティーが分かれていて、人種間で交流する機会は限られます。互いに共感の欠如があり、そこから問題が生じています」

不平等や経済格差など、深刻な分断が進む中で、理想と現実の間に大きなギャップがあるという。

「アメリカの人々は、そうした摩擦《まさつ》や衝突を解決する思想を求めています。これまでも、いろいろな大衆運動がありましたが、根本的な解決には至っていません。ですがSGIでは、異なるバックグラウンドの一人一人が、ありのままの姿で、多様な人と強い絆を結んでいます。現実の問題を乗り越えていける、確かな希望があると感じます」

今、アメリカSGIは、「一つの地区、一人の大切な青年」を合言葉に進む。グレイディーさんが圏男子部長を務めるニューヨークでは、二三年八月の会合に、友人二五〇人が参加した。

「人間革命の理念は、アメリカ人の未来志向の価値観とも通じ合います。その人間革命への、最も大切な実践が折伏だと思います。友人に語ると同時に、自身の仏性《ぶっしょう》※166を信じ抜く行動だからです。私自身も毎週、仏法対話をしています!」

生き生きと仏法を語る姿に、グレイディーさんの母をはじめ、これまで五〇人以上の友が入会している。

166　仏教用語。一切衆生にそなわっている仏の性分のこと。「衆生」については⑭を参照。

「ブラックスミス」（鍛冶屋）――自分の人生は自分でつくる

「私たちドイツ人にとっても、日蓮仏法の思想は違和感のないものです」

そう切り出したのは、ドイツSGIのユリアン・ヴィッケンディックさん（男子部書記長※167）。世界的流通企業の人事部で働いている。

「ドイツでは、〝自分の幸福は自分でつくる〟という考えが一般的にあります。『ブラックスミス』（鍛冶屋《かじや》）とも言うのですが、鍛冶屋が鉄を打つように、自分の人生には自分で責任を持つ――。自ら未来を切り開く創価の哲学は、そうしたドイツ人の考えと非常に響き合っています」

また、「僧侶《そうりょ》などの聖職者に祈ってもらうのではなく、私自身が自分や周囲のことを祈っていけることにも、深い魅力を感じます。会社を所有する人が、経営を他人に任せるわけにはいかないのと同じです」とも。

イタリア人の親友に勧められ、ユリアンさんが信心を始めたのは十七歳の時。

長年、両親との不仲に悩んでいた。「ハグされた記憶もなく、私は愛されていないと感じていました」

そんなユリアンさんが、学会で最初に学んだ御書が「報恩抄※168」。親に恩を報じるという内容に、「それだけは無理だ。絶対にできない！」と反発した。学会の信仰を続けるかどうか、真剣に悩んだという。

167　SGIの役職。

168　建治二年（一二七六年）、日蓮が身延から安房国（千葉県南部）清澄寺の故師・道善房の追善供養のため、浄顕房・義浄房に送った書。

だが、信心に励む中で、ある時、両親に思いの丈《たけ》をぶつけた。何時間も話し、両親のことを初めて「愛している」と感じ、それを言葉で伝えることもできた。

「今まで経験したことのない不思議な時間でした。マジック（魔法）のような。ただ、振り返ってみると、変わったのは私の方だったんです。私が心を開くことができて、両親も踏み込んで話してくれた」

その後、ユリアンさんの成長を長年にわたって見続けてきた両親は、自ら進んで学会に入会している。

「これは私個人の体験ですが、SGIには、そうした証明の物語がたくさんあります。あくまで、社会の中で個人の成長や変革という、実際の証拠を示している。だからこそ、仏教団体を代表するほどの信頼が広がっているのです」

ユリアンさんは「今、人類を結ぶ、池田先生の思想が強く求められています」と述べ、池田先生のドイツ初訪問に言及した。

一九六一年、東西対立の象徴であるベルリンの壁を視察した先生は、「三〇年後には、きっと、このベルリンの壁は取り払われているだろう」と、世界平和にかける決意を語っている。

壁が取り壊されたのは、それから二八年後のこと。

「池田先生の言葉は、単なる未来の予測などではなく、必ずそうしてみせるとの決意の表明でした。世界に再び〝分断の壁〟が立ちはだかろうとする今、先生の誓いを私たち青年部が受け継いで、人々が連帯できる社会を築いていきたい」

宗教間対話のイベントや、学校から招聘《しょうへい》を受けて仏教について講義を行うなど、ドイツ青年部の活動は多岐《たき》にわたっている。

良き市民たれ――多民族・多宗教が共存するシンガポールで

「一人一人の地道な行動の積み重ねがあって、今のような揺るぎない信頼が寄せられているんだと思います」。そう話すのは、シンガポール創価学会（SGS）の鄭麗《ティリー》彦《イェン》女子部長。

毎年八月、同国では大統領と首相が出席し、国の独立を祝賀する記念式典（ナショナルデー・パレード）が開催される。中国系・マレー系・インド系などの、多民族・多宗教の人々が共存する国家にあって、同式典は連帯の絆を示す最重要の催事とされてきた。

SGSは政府の要請を受けて式典に出演。二〇二三年で三八回目となる。パレードを通して学会を知る人も多い。

鄭さんは語る。

「池田先生がシンガポールを訪問された際、『良き市民たれ』との指針をくださいました。シンプルですが具体的なご指導です」

シンガポールはかつて、日本軍に侵略された歴史がある。草創《そうそう》の同志は、時に批判や誤解にさらされながらも、良き市民を目指して地域に尽くしてきた。

「信仰を通して自身の可能性を知る中で、周囲や社会にもできる限り貢献したいと思える。その実感が青年部にも広がっています」

そう言葉を添える鄭さんは、二〇一五年から弁護士として活動している。

「同志の励ましがなかったら、今の仕事には就けなかったと思います。先輩たちは『簡単に諦めないで。あなたには使命があるから』と、いつも温かく見守ってくれました」と。

イギリス留学中に弘教した友人たちが、それぞれの国で使命を感じながら社会に尽くす姿からも、触発を得ているという。

SGSでは青年部が中心となり、マレー団体やイスラム団体など、多くの機関や団体と交流を重ね、宗教間フォーラムや平和会議などを積極的に開いている。

昨今のコロナ禍で対面の集会などが制限された折にも、活発に意見を交換し合い、手を携えてきた。

そうした宗教間を結ぶ取り組みや、多岐《たき》にわたる社会貢献活動をたたえ、政府からは「シンガポール国家青年賞」が贈られている。

「対立と分断が深まる時代だからこそ、シンガポールの共生の連帯が、人類の平和のモデルになれると確信しています」と、鄭さんは決意をにじませる。

“生きた宗教”が持つ無限の可能性とは

学会員の活動の舞台は、一九二もの国・地域に及び、環境は千差万別である。政治や国家体制もさまざま。宗教、経済、教育、文化、伝統など、どれ一つとして、同じ状況はない。

だが、どんな社会にあっても、創価の連帯が広がっているのはなぜか──。入会や活動の動機は人それぞれだが、共通するのは、信仰に励む中で、他者と共に、より良い社会の建設に関わろうとする点である。

「創価学会は、すでに世界宗教である」。そう指摘したハーバード大学の宗教学者ハービー・コックス名誉教授との対談で、池田先生は語っている。

「時代は、刻々と動いています。広く人々の幸福と社会の発展に寄与《きよ》し続ける“生きた宗教”たらんとするなら、宗教もまた、現実社会の変化に対応していかねばならない」

今回、取材した方々は、社会の課題に挑む中で、“生きた宗教”が持つ無限の可能性を確信していた。

どんな時代、どんな社会にあっても、自らが希望の光源となって、明日の世界を照らしていける──その充実感と誇りが、友の笑顔にあふれていた。

解説――開沼 博

「近代化」の帰結

個人化、都市化、情報化など、私たちの日常を取り巻くさまざまな側面は、社会が「近代化」した帰結として言い表すことができます。そうした近代化のプロセスが、戦後日本で加速度的に進む中、創価学会には、社会からこぼれ落ちそうになる人々を包摂《ほうせつ》し、生きる希望を与える機能があった。

これまで本書の企画を通して、全国で一〇〇人以上の創価学会員に会い、重ねてきた取材は、すでに先行研究によって広く知られていたこうした学会の社会的機能を、フィールドワークの中で再確認する作業であったともいえます。

翻《ひるがえ》って、世界を見てみると、どうなのか。創価学会の会員は一九二カ国・地域に広がっています。近代化それ自体は、スピードの違いこそあれ、地球上の至る所で相当程度、進んでいます。どこにいても、地球の裏側にいる人と、スマートフォンでオンライン会議ができる。

であるならば、「近代化における創価学会」は、日本のみならず海外でも、共通して見られる事象であるのか。この取材を進める中で、確認しておきたいテーマでもありました。

一つの〝セット〟

首都圏に在住する英語話者の海外メンバーで構成されるＴＩＧと、四年ぶりのＳＧＩ青年研修会で来日した海外メンバー。どちらのグループの取材からも見えてきたのは、日本各地の取材で見てきたものの「再現可能性」でした。〈二五〇頁ルポを参照〉

具体的には、日々の勤行・唱題や、座談会をはじめとする会合、何でも語り合える人間のつながり。あるいは、折伏や社会貢献活動といった、外へと開かれた活動。これまでもその価値を考察してきた、こうした日々の習慣が、世界各国で同じように再現され、実践されていました。

もっとも、同じ信仰を持った創価学会員の皆さんからすれば、当たり前のように映るかもしれません。しかし、文化も伝統も異なる国々で、こうした実践が一つの〝セット〟となって広がっていることは、特筆されるべき事実です。

人の幸福を願っての祈りや実践、社会のしがらみから離れて対等に語り合えるコミュニケーションの場など、創価学会は、あらゆる人が普遍的に求めてやまない価値を、社会に提供することを可能にしてきた。これが、世界に広がった理由の一つであることを改めて理解できました。

国籍や民族の違いがさまざまな葛藤を生む現代にあって、創価学会員という一点において、国を超えても違和感なく、変わらぬ活動が成立している。ＴＩＧで活動するアメリカ出身のケニー・コハギザワさんは、日本で文化の違いに戸惑ったといいます。その中で、地域の男子部やＴＩＧの先輩の励ましに触れ、改めて祈ることの大切さを実感した。祈りが深まると、仕事の姿勢も変わっていった。転職を経て、今、世界有数の金融企業に勤務します。

異国の地での新たな人間関係や葛藤の中で、もともと持っていた創価学会の信仰に、再び立ち返っていった。グローバル化する現代社会にあって、至る所で生ずるであろう摩擦や葛藤を乗り越えるための術《すべ》を、信仰と実践の中に見いだした。こうした例を、取材した多くの方々から伺うことができました。

誰もが変革の主体者に

改めて驚いたのは、海外でも、創価学会の〝二世〟〝三世〟が多く、世代間継承も進んでいるという事実です。今回取材したメンバーの出身国は、アメリカ、ドイツ、インド、シンガポール、マレーシア、ベネズエラの六カ国ですが、それぞれに異なる個別の宗教事情がありました。キリスト教やイスラム教など特定の宗教の習慣が伝統的に残っている上で、近年は、どの国でも「世俗化」が相当進み、宗教から離れる人が増えているのも事実です。

その中で、あえて自ら選び取るだけの魅力を、創価学会の信仰に見いだし、子や孫の世代も継承している。特に多くの若者にとっては、宗教が〝非日常〟である世俗化の時代に、熱心に学会の信仰に励む、強い動機と誇りが必要です。

インド出身のギータンジャリ・ダンカールさんは、ＴＩＧの活動を通して、「信仰と現実生活は、別物ではない」ことを学んだといいます。人の幸福に尽くす信仰の目的は、彼女自身の現実生活や研究活動の目的そのものでもある、と。

現代は、宗教が〝根付いているけれど、身近ではない〟ものとして形骸《けいがい》化し、信仰と現実生活は別物となってしまった。インドで生まれ育った彼女にとっても、宗教はそういうものだったといいます。日本で生まれ育った人々と似た感覚が、そこにはあるわけです。

その点、ダンカールさんの言葉からは、創価学会が海外でも一貫して〝信心即生活〟の実践を人々に広めてきたことがうかがえました。生まれ育った環境だからではなく、現実に自分自身を高め、課題を解決してくれるものだから信仰をしている。学会員にとって、信仰は、仕事や生活に直結した〝日常〟なのでしょう。自然体のまま、生き生きと信仰に励む理由がそこにあるのだと思いました。

地域に根差した活動が日常的に行われ、そこに新しい世代・属性の人々が多く参加している創価学会の現場から見えてくるのは、常にそのあり方をアップデートし続けようとする挑戦です。冠婚葬祭《かんこんそうさい》の時だけ顔を見せる宗教ではなく、とにかく意識の中でも、行動でも、個人的にも集団的にも「プラクティス（実践）」をすることが前提になっている。外部が言う「宗教」と、内部で捉えられる宗教とは全く別物です。

取材した方々は皆、そうした実践に意義を見いだしていました。SGI青年研修会に、ベネズエラから来日したオマイラ・サルダ・ナランホさんが、一日に数時間も唱題をしていたことに、友人が驚いたと語っていたのは印象的です。その驚きには、僧侶のような〝読経《どきょう》のプロ〟ではない彼女にも再現可能な、実践のシンプルさに対する新鮮さがあるようにも思います。

誰にも開かれた実践を通して、誰もが社会に変革を起こす存在になれる。自分は無力ではないし、日常こそが大切だ。そうした創価学会の哲理が、ハイパーインフレをはじめ過酷《かこく》な社会状況に立ち向かうベネズエラで、確かな希望となっているのが分かりました。

メンバーが語る、信仰の功力《くりき》※169の現れ方は多種多様でした。仕事で高い評価を得たといったものもあれば、会いたいと願っていた人と街中で本当に会えた、といったものもある。多種多様であるということは、一部の願いや一部の人に限られるのではなく、全ての人に信仰の結果は出るという、信仰の体系のもつ柔軟性の表れでもあります。

「必ず結果が出る」ことを強く確信して、信仰の実践に励む中で、現実に身の周りに変化が起こる。それを功力だと捉えて、さらに実践に熱が入る――。こうした循環が成り立つことが、多くの人を引きつけているのだと実感します。

共通していたのは、良いことも悪いことも、周囲ではなく自分自身に、その原因を求める姿勢です。第四章でも、心理学の「ローカス・オブ・コントロール（統制の所在）」――あらゆる行動や評価の原因を、内（自己）に求めるのか、外（他者）に求めるのかを分類する考え方に触れましたが、日本でも海外でも、創価学会員は、身の周りの出来事を〝自分事〟として捉えようとします。

だからこそ、行動の結果が思い通りにならないときは、環境のせいにするのではなく、自分の行動を見直してみたり、人間関係の中での振る舞いを変えてみたりする。徹底的に自分自身を変革していく姿勢が、挑戦することを促《うなが》し、良いトライアル・アンド・エラー（試行錯誤）を継続させ、先の好循環を生む原動力となるのでしょう。

世界共通の実践

私自身、二〇二二年、任用試験の受験に際して、「随方毘尼《ずいほうびに》」（仏法の根本の法理に違わない限り、各国・各地域の風俗や習慣、時代ごとの風習を尊重し、随うべきであるとする教え）という教えを知りましたが、取材では、それが海外でどう具体化されているのかを理解できました。全ての国に共通する実践がありながらも、それ以外の点については、その国や地域、相手に応じて柔軟に変化させていく。「共通性」と「特殊性」の両方を強みとしてきたのが創価学会なのではないか、と。

そして、改めて創価学会が「人間革命」と呼ぶ基盤の上に、四つの実践が、世界共通の「柱」となっている。①自分を見つめる「勤行・唱題」、②他者と生活・信心を分かち合う「座談会」、③それらを社会に開いていく「折伏」、④伸び縮みするような柔軟な「師弟」の関係性、という四つです。これらが、日本の外でも成立している。「創価学会のグローバル化」の鍵がここにあるのでしょう。

もちろん、グローバルに広がる過程において、さまざまな障壁《しょうへき》があったことは想像に難くありません。今回、話を聞いた中でも、マレーシアやシンガポールはかつて日本軍が侵略した国であり、〝日本の宗教〟に対してさまざまな目が向けられた。あるいはドイツでは、戦時中の

169　仏教用語。功徳の力。「功徳」は(61)を参照。

ナチスドイツの教訓から、一つの信念で結び付く凝縮《ぎょうしゅく》性の高い組織そのものに、忌避《きひ》感を持つ人も多いと聞きました。

ただ、そうした個別の事情、お国柄をよく理解し、受け入れつつ変化していったが故に、創価学会のグローバルなネットワークが、今も維持されている。

当然、日本で広がるのとは比べ物にならない葛藤があったはずです。キリスト教・イスラム教が強固に根付いている国に、創価学会が入っていくのは、逆の立場になって考えれば、全く入る余地《よち》も見えないところからのスタートだったでしょう。ただ、そういう国においても、そもそも世俗化が進み、既存の宗教自体が日常生活の中から消えていっている。そこにおいて、自らの成長を常に急き立てられ、個人主義的であると同時に常に孤独・孤立にさらされる現代人にフィットする信仰として、創価学会が広がっていった。

信仰の証《あか》しが人間としての成長・幸福に直結していて、そういう姿を周囲の人に見せることが折伏になっていく。そういう連鎖の中で信仰が生き残ってきたことが理解できました。

計算不可能なリスク社会

かつては自然が人間への恵《めぐ》みでありつつも、脅威《きょうい》でした。それを、科学的合理性の中でコントロールしたり、何が起こるかが予想できるようになってきた。これは、「計算可能性」が高まってきたと表現されたりもします。

私たちは、計算可能性の高い社会に生きていると、無意識に信じ切っています。例えば、私

苦楽を共に歩むＴＩＧの集い（2023年７月、都内で）　©Seikyo Shimbun

たちが、スマートフォンの充電を始めれば、何時間後に充電が完了するかを知っているように。それは、電力の供給が安定しているとか、充電池がすぐには劣化《れっか》しないといった、さまざまな条件によって成り立っているにもかかわらず、充電が必ずなされることを当然だと思ってしまう。

でも現実に、世界を見渡せば、計算不可能なことであふれています。先進国は移民や安全保障、新興国は経済危機や政情不安と向き合う。そして現代の戦争・災害・感染症は、私たちの計算可能性を乗り越えてくる、厄介《やっかい》で計算不可能なものです。「リスク社会」と呼ばれる現代社会には、そうした不安や矛盾が常に横たわっています。

社会や経済、そして個人の生活も揺らぐ現実の中で、環境ではなく自分の内側に幸福の基準を置く創価学会の信仰が、日本のみならず海外でも、生き方の指針となり、それ故に多くの人を引きつけていることを、改めて感じる取材となりました。

終章

創価学会研究を振り返って

聖教新聞紙上での連載「ＳＯＫＡの現場」を終えるにあたって、開沼氏に、これまでの創価学会研究を振り返ってもらった（二〇二三年十二月インタビュー）。

開沼　先月（二〇二三年十一月）、池田会長のご逝去《せいきょ》の報に触れました。謹んで哀悼《あいとう》の意を表します。取材した学会員の顔が浮かび、ショックを受けておられるだろうと心配しました。一方で、さらに頑張ろうと気持ちを引き締めた方も、多くおられるだろうと想像しました。

外からは分からなかったことですが、多くの方々が自分を見つめ直す鏡のような存在として、師匠を捉えていたことを思い出しました。これだけの規模の団体と、自らを弟子と位置付けて信仰に励む人の連帯を、世界に広げられた池田会長の大きさを感じています。

私が創価学会に興味を引かれ、不思議だなと感じてきた、その核心に池田会長と学会員との師弟関係があることは間違いありません。その師弟とは何なのかについては、もっと考えなければと改めて思います。そして今回を機に、創価学会は新しい形で発展していくのだろうとも思います。

「枠組み」の転換

――全国各地の創価学会の現場で、取材をされました。どのような問題意識で臨んだのでしょうか。

開沼　創価学会に関するこれまでの学術的研究は、学会を、経済成長期の中で一時的に、ある面では時代とマッチして拡大した組織として捉える枠組みで、分析したものが多いのが現実です。しかし、今の日本は少子高齢化していますし、豊かになったことで、生活の課題も昔ながらの「貧・病・争」では捉えられなくなっている。前提となる時代が全く違うわけです。ゆえに、「枠組み」はアップデートされなければならないにもかかわらず、十分になされていないと感じていました。

創価学会は少子高齢化の流れの中で、高齢世代も若者もうまく包摂《ほうせつ》しているように見えますし、各地に根を張ったネットワークを維持しているようにも見えます。でも、この不思議さは、過去の研究を俯瞰《ふかん》するだけでは解消されませんでした。

そうであるならば、自分が研究してみたいと思いました。池の周りを回りながら、池の中にはこんな魚がいるらしいなどと言うよりも、実際に池の中に飛び込んでみたらどうだろう、と。外からはぼんやりとしか見えないこと、想像するしかなかったことにも、きっと近づけると思いました。

学問は、しばしば〝植民地主義的〟な構図に加担しがちです。進歩した文明の他方に野蛮な未開の地があり、そこを誤った道から矯正していこうという視点が無意識に出てきてしまう。

それは学問に限らずとも、例えば国民国家においては「帝国主義」になり、市場の原理を第三世界に強要しようとするといったことが、常にあったわけですね。

文化人類学者のレヴィ＝ストロースらの登場によって発展した「構造主義」では、未開、野蛮であると偏見を持たれる所にも、極めて合理的で、物事を機能させる非常に精緻《せいち》なメカニズムがあると見ました。彼らには彼らの内在的な論理があり、それは決して劣ったものではなく、そこから学ぶことがあるかもしれない、ゆえにそれを解き明かさなければならない、と。未開の地を支配するのではなく、正面から見ていくような学問に変わっていったのは、そこからです。

創価学会の研究においても、こうした構造主義的な転換をしていくということが、私の問題意識の一つにあったように思います。

――これまでの取材を総括的にまとめたのが、世界への広がりを巡る寄稿（第八章の解説）でした。「勤行・唱題」「座談会」「折伏」「師弟」が、国内外で共通する学会員の実践であると語られています。

開沼　取材を重ね、自分なりに創価学会の発展をモデル化すると、それらの四点になるのではないかと思いました。

勤行・唱題は、自分自身の「内側」に向かい、座談会は、地域など自分の「外側」に向かっている。そうして自己の内と外に向かう仕組みを基礎として、組織の集団の殻《から》を破って「水平方向」に広がる折伏と、自分を高めていく「垂直方向」の師弟関係があると理解しました。

四つのどれが欠けても成り立たないのがよく分かった一方で、それぞれをもっと深掘りしたかったという心残りもあります。例えば具体的にどのように、折伏を実践しているのか。外部の人間は「折伏＝強引な勧誘」という皮相《ひそう》的なイメージを持ちがちですが、取材で聞いたのは、自分が成長した姿を信仰の証《あか》しとして見せ、相手を変え、相手の人生を背負っていくというような折伏の形でした。きっと、これが現代の折伏のあり方であろうということも、少しずつ見えてきたところでした。

――四つのどれが欠けても創価学会は成り立たない一方で、個人においては、全てを満足には実践できないときもあります。支え合い、励まし合う中で、四つを取り戻していく仕組みが学会にはある。そうした理解ということでしょうか。

開沼　その通りです。四つ全部を完璧に実践している人だけではないでしょうし、実際に私が取材した方々の中にも、かつては学会活動から離れていたという方もいました。そうした人たちを見守り続ける、組織や人間のつながりがあるから、何かのきっかけでまた信仰に戻ってこられる。一部の熱心な人だけで閉じているのではなく、多様な人々に開かれているのが、創価学会の特徴の一つです。

また、教学の理解の度合いにも、差があると思います。それでも座談会や家庭訪問などで高め合っていくような自主性が、自然と生まれる仕組みがある。学び合い、高め合う、そうした関係性は、内部同士に限らず、例えば折伏を通して、対話する相手から学ぶというのも意識していることでしょう。

以前の寄稿でも、創価学会には、普通は出会わないような人同士を「かき混ぜる」機能があると書きました。都市化や近代化が進むと、いろいろな機能が分化し、似たような仕事や収入、境遇の人同士で集まるように、社会は自然と合理化していく、つまり、かき混ざらなくなるわけです。

しかし学会には、例えば過疎《かそ》地域で、たった一人を激励するためだけに、毎日何時間も車を走らせるような人たちがいました。自分にとって居心地の良い、閉じた関係性でしかつながらない時代にあって、そうした実践は、視野を大きく広げるものです。違う境遇や職業の人とあえて出会うことで、自分自身を相対化することができ、それには、互いに励まし合ったりできるゆとりをもたらす機能もあるのだと思います。

かき混ぜる場が減っている一方で、自分が知らない世界を知りたいというのは、変わらぬ人間の欲求です。それが今、クイズ番組がテレビの高視聴率を取り続けるような現象に出ているように思いますし、一方で、いわゆる陰謀論《いんぼうろん》みたいなものが湧《わ》いて出てくるような背景にあるわけです。

学びたい思いはあるし、視野を広げなければという焦《あせ》りはある。でも、そういう場は限られている。すると、一部の人は陰謀論などにはまってしまう。そうした不幸な循環を止めていく上で、創価学会のような中間集団の役割が、改めて試されているという実感を強くしています。

ライトユーザー

――取材の中で、当初のイメージと違っていたことや、予測を裏切られたことはありましたか。

開沼　まず、「プラクティス（実践）」が多いことは、予測はしていたものの想像以上でした。一日に何時間も唱題するというのは一部の人たちかもしれませんが、そうでなくとも、ただでさえ忙しいであろう若者が、毎日、勤行・唱題をして、座談会に行き、毎週のように若者同士で集まっていること自体、驚くべきことです。これ一つをとっても、〝日本は無宗教な国である〟という幻想は反証されます。

仏教といえば葬式仏教がイメージされやすいですが、学会員の多くは、生き方そのものとして信仰を捉え、ある意味では二四時間、学会員であることを意識して、具体的な行動もしている。そんな人たちが日本で一定割合を占め、活動しているのを明らかにできたことには、学術的な価値があると思っています。

また、私はあえて、「ライトユーザー」「ヘビーユーザー」と親しみを込めて呼びますが、信仰の熱量は人それぞれであることが分かったのも、新鮮でした。皆がヘビーであるわけではない、ばらつきと多様性があるからこそ、しなやかな強さの組織が成り立っているのでしょう。

創価学会員であることに経済的なメリットがあるというような、それこそ陰謀論を唱える人も世間にはいますが、それが理由であれば、そもそも国内外にこれほど広まることはないはずです。社会的な地位や名声もなく、経済的に豊かではなくとも、大きな宗教的理想を掲《かか》げて行動する学会員の方々にお会いして、当初の思いに、より確信を持てました。

その点、驚いたのは多くの学会員が、地域の担《にな》い手になっているということです。町内会をはじめ地域で人手不足が顕著な中、いわば〝割《わり》に合わない〟労苦を買って出て、地域を支えている陰に、これほど多くの学会員がいるとは予想していませんでした。地域を良くしていく責任を、信仰の目的の根本に置いているのが分かりました。

準拠すべき価値

――さまざまな危機が山積する時代を、私たちは生きています。取材を踏まえて、創価学会に期待することを教えてください。

開沼　創価学会は「中道」（相対立する両極端のどちらにも執着せず偏らない見識・行動）の理念を掲げ、実践している団体であることを、深く理解できたと感じています。例えば沖縄では、基地問題などを背景に、人々が熱狂を煽《あお》り、自らも熱狂させられてしまう中にあって、そうした熱狂の渦《うず》に巻き込まれることなく、少しずつ現実を変えようとする学会員の様子を目の当たりにしました。そうした中道の価値は、これからますます大切になると思います。

社会学に「準拠集団《じゅんきょしゅうだん》」という言葉があります。人間は周りを見渡しながら、どう振る舞い、どこに向かうべきかを判断して生きているわけですが、その準拠すべき生き方や価値観が、自明ではなくなっているのが現代です。船の航海は、古来、北極星を見て航路を判断してきましたが、その北極星が見えなくなっている時代であるともいえます。

一つの絶対的な物差《ものさ》しはなく、小さな物差しばかりが多くある。その多くある中で目立つのは、極端で、分かりやすいものであるわけです。だから、大声を張り上げている人、ひときわ目立つ振る舞いをしている人に、注目が集まる。でもその人たちは、果たして皆が準拠すべきものを指し示しているのか。

一見、正しそうで目立つものも、移ろいやすい。そのことを受け入れた上で、極端なもの、すぐに消えてなくなるようなものを見定めていくような作業が大切です。極論を言っていた人が、対話を通していろいろな見解に触れて、これなら合意できると角が取れていくように。「中道」とは、そういう顔が見える関係性や、対話という作業の中で現れてくるものであると思います。それは現代にあっては、簡単に大勢を動かしていくような準拠集団としては、立ち現れてこないかもしれません。決して目立つものでもないし、万人にとって正しく見えるものでもない。でもその中で、いかに「中道」を確保していくのかという仕組みを保ち続けることが重要ですし、それを続けてきたのが創価学会であるということを、全国各地の現場で見てきました。

これからも、そうした顔が見える関係性と対話を大事にしてほしいと願っていますし、私自身、今後もさまざまな形で学会員の皆さまと交流し、さらなる創価学会の研究ができるのを楽しみにしています。

特別収録

対談

佐藤優 × 開沼博

作家／元外務省主任分析官

創価学会のなかの「秩序」に迫りたい

開沼　私は、二〇二二年から二三年にかけて、「聖教新聞」紙上の連載で、かねて関心のあった創価学会の内実《ないじつ》に迫るため、一〇〇名以上の創価学会員に話を聞きました。インフォーマルな出会いも含めると、この間にさらに多くの人に会い、日常の習慣を見せてもらい、参与観察《さんよかんさつ》（調査対象とする社会や集団のなかに身を置く調査方法）を進めてきました。

公称八〇〇万世帯という巨大組織が、どのような秩序《ちつじょ》によって成り立っているのか――。これが、私が創価学会の研究を始めるにあたって立てた問いです。そして、なぜ研究を始めたのか。それは、創価学会が不思議だったからです。これは多くの「外部」＝非学会員にとってもそうでしょう。無関心を装《よそお》っている人の中でも相当な興味をもっている人は多い。そして、分かった部分が増えるほど、不思議な部分も増えていくなという感覚で見ています。

佐藤　なるほど。具体的には何が分かったことで、何がまだ不思議に思っていることですか。

開沼　まず、私自身、生きてきた中で、創価学会員との接点は皆無《かいむ》でした。周囲では折伏《しゃくぶく》されたという話とか、あの人は学会員だろうという人もいた。でも、「学会員と学会について話す機会」は一度もありませんでした。「外部」から創価学会を見る人の中には、他の宗教も含めてですが、「全体主義的な組織」「非科学的な思考をする人の集団」という紋切《もんき》り型のイメージ

佐藤《さとう》 優《まさる》◉作家／元外務省主任分析官
1960年東京都生まれ。同志社大学大学院神学研究科修了後、専門職員として外務省に入省。在ロシア日本国大使館に勤務、帰国後は外務省国際情報局で主任分析官として活躍。著書に『国家の罠』『池田大作研究 世界宗教への道を追う』『公明党 その真価を問う』など多数。

を持つ人は多い。直近の旧統一教会問題、三〇年ほど前のオウム真理教事件、あるいは創価学会自体がという意味では半世紀以上前の言論出版妨害事件などと、メディアで流布される言説がその大衆意識を支えています。

佐藤　創価学会について正視眼で捉え、虚心坦懐《きょしんたんかい》に語る人があまりに少ないからと思います。

開沼　選挙の数字をみれば、少なくとも六〇〇万人以上の（創価学会が支持母体の公明党を支持する）人がその中や近くにいる。その全員が同質で思考停止して、例えば医者も弁護士も科学者も含まれる中で、非科学的盲信をしているわけではなかろうとも考えていました。

佐藤　実際に内部を見てどうでしたか。

開沼　時代によって変遷はあったのかもしれませんが、内部と外部の境目がこんなにゆるい、曖昧《あいまい》なものなんだ、とか、内部にもヘビーユーザーとライトユーザーのグラデーションがあるんだとか、意外な細部《さいぶ》が見えてきました。折伏が激しいイメージもありましたが、時代や世代の中で変わってきていて、人によるとは思いますが、かなりふわっとしてきている。ただ、そんな曖昧でゆるい、多様性がある集団だとすれば、まとまるべきときにまとまらなくなるはずで、そこはどういうメカニズムで集団意識を再生産し続けているのかまだ良く分からない。特に学会員＝内部の人が「日蓮大聖人」「三代会長」との師弟関係を真剣に感じている。そういう人が本当に多いのは、なぜそうなり得るのか、外部の私からは理解しきれません。

　他方で、創価学会については、佐藤さんや田原総一朗さんが外部の人々にも読める本を書かれています。改めて本を読むことで、自分の理解の濃淡《のうたん》を認識できました。

佐藤　理解できた部分と理解できていない部分の境界線はどのあたりにありますか。

開沼　私自身の関心は、宗教の根幹《こんかん》にある教義や週刊誌等が好む池田大作氏や組織幹部についてではなく、なぜ・いかにその巨大な集団の秩序が持続可能なのかという点にあります。その意味では、教義に関わる部分は理解しきれず、一方、生活上の実践についてはだいぶクリアに

なりました。

佐藤　創価学会は二〇一四年に、従来の教学を一部見直して、独自性を明確にし、世界宗教として新たな段階へ飛躍《ひやく》するために教義条項を改正しています。私はそのことが聖教新聞紙上で発表されたときに、キリスト教の神学の歴史に照らして「これは一〇〇年事業になるな」と感じました。

世界宗教の正典《せいてん》（キャノン、規範となる経典のこと）は閉じていなければなりません。二〇一八年に池田氏の『新・人間革命』全三〇巻・三一冊が完結し、『人間革命』全十二巻と合わせた創価学会の「精神の正史」「信心の教科書」はこれ以上増えない形で閉じました。そして、『日蓮大聖人御書全集　新版』を、池田氏が監修する形で刊行しました。『人間革命』と『新・人間革命』、そして新版御書──この三つによって創価学会の正典は閉じたわけです。

開沼　いま教義としては一つの全体像が確立された、その直後の時期にあたると見るべきだということですね。

佐藤　私はそう考えています。創価学会のこの三つの正典の量は、おそらくキリスト教の聖書の五倍くらいはあると思います。これは、正確に暗唱《あんしょう》することはできないけれども、「あそこにあの話があったな」という形でランダムアクセスができる量なんです。したがって、会員は自身が何かの問題に直面したときに、テキストに即《そく》しながら実践することができる。世界宗教にとっては、これがすごく重要なんです。

開沼 参与観察の中でも度々そういう体験談は聞きました。

佐藤 テキストを読んで、皆で語り合い、追体験《ついたいけん》していく。この〝テキストによって結びつく〟というのが、他の仏教系教団にはない創価学会独自の優《すぐ》れた点です。

重要なのは〝テキストの背後〟

開沼 宗教を類型化すると、キリスト教で言えば、パパ様（ローマ教皇）の存在に象徴されるカトリックのカリスマ支配と、プロテスタントのテキスト重視と、二つの方向があります。創価学会は前者から後者に重心を移す時期にあるとも捉えられます。

佐藤 私たちプロテスタントもカリスマ支配のもとにはいるんです。ただしそれは、イエス・キリストというカリスマによる支配です。

プロテスタントは何もテキストを崇拝しているわけではありません。重要なのは〝テキストの背後〟です。御書の背後にいる日蓮大聖人。もっと言えば、その御書を監修した池田先生。御書を読みながら池田先生のことを思い浮かべるという現実が、聖書を読みながらイエス・キリストのことを思い浮かべるプロテスタントとの共通点かもしれません。

開沼 カリスマ支配というと、私自身も含めて信仰を持っていない人たちはすぐに盲従やマインドコントロールといったことを連想しがちです。

佐藤　外部から見ればそのように見えるかもしれませんが、内部の一人一人を見ているとむしろ逆であることが分かります。学会員の人たちは池田氏のことを思い浮かべながら「池田先生に見られても恥ずかしくないか」「池田先生に喜んでいただけるか」と自問することで、わがままではない真の自由を取り戻し、自らの価値を創造し、判断しているのです。盲従やマインドコントロールとは正反対です。

開沼　これまでにも宗教学や宗教社会学、都市社会学において、創価学会など、いわゆる「新興宗教」の研究は行われてきました。ただ、改めて既往研究を俯瞰《ふかん》し直すと、いわゆる「葬式仏教」ではない信者のアクティブな実践が伴う現代宗教に迫る研究、中でも創価学会に関する外部からの切り込みは「浅い」と評さざるを得ません。昭和の創価学会ならそうだったけど、という話とか、近年の論考でも、一〇人にも満たない少数へのインタビューを元にしていたりとか。一方には、そこに触れると自分も一蓮托生《いちれんたくしょう》になっているとみなされるなど、トラブルになるというタブー視があり、他方では、そもそもステレオタイプを超えたところに興味関心が無いんです。

佐藤　宗教学の起源は、十八世紀の終わりから十九世紀の初めに行われた史的イエスの探究です。史的イエスの探究を実証的かつ客観的に行うと、一世紀にイエスという青年が実在したことは実証できないという結論になります。しかし、かといって不在証明もできないので、その探究は蓋然性《がいぜんせい》のなかに入ってしまいますよね。

そんなふうにして宗教という現象を実証的かつ客観的に見ていく流れにあるわけだから、宗教学のスタンスは基本的には無神論なんです。それは、別の言い方をすれば「宗教を信じている連中は遅れている」という上から目線なんです。あるいは「迷信を信じるのは許してやるけれども、いずれは解消されないといけない」という立場設定です。

それと分岐したのが近代の神学です。近代の神学では、一世紀の終わりにイエスが救い主であると信じていた人たちがいて、実証はそこまでで十分だと考えます。そこから先は、信仰や言説の内容に入っていくわけですから、実証主義ではありません。人間はどのように救済されるのがよいのか。そこを追求していくのが近代の神学ですので、宗教学とはアプローチが全く異なります。したがって、私たち神学を専門とする人間は、創価学会の教学的なアプローチにまったく抵抗感を抱きません。

開沼　なるほど。とてもよく分かりました。そこが分からないと、学会員がなぜ折伏するのかが理解できないでしょうね。大半の外部の人々は、「強引な勧誘」といったレベルでしか捉えられていません。連載では、そういった点にも踏み込むことはできました。

師弟の結びつきへのプロセス

開沼　先に触れた学会員の師弟観について、キリスト教の信仰者でもある佐藤さんに伺いたい。例えば、ＳＧＩ（創価学会インタナショナル）のメンバーからすれば、知らない国の知らない人であった池田氏が、ある瞬間から師匠に切り替わる。その瞬間があるらしいということは見えたのですが、そのプロセスがなかなか理解しきれなかったんです。ご本人に説明してもらっても。これはどう捉えられますか？

佐藤　十九世紀初めにフリードリヒ・シュライアマハーという神学者がいました。この人は近代神学において極めて重要な役割を果たしています。コペルニクスとガリレオ以降の宇宙観では、上下の概念がなくなるわけだから〝上にいる神〟が成り立たなくなります。そこでシュライアマハーは〝神は心のなかにいる〟という画期的な発明をして、神を成り立たせたわけです。座標軸では示せないものの、神は確実にいる。神の居場所を心にすることで、シュライアマハーは宗教と自然科学との矛盾を解消したんです。

このシュライアマハーがこんなことを言っている。あらゆる優れた精神は、別の優れた精神によって触発される――と。つまり、ＳＧＩのメンバーは心のなかで池田先生と出会うことで触発を受けるんです。別の言い方をすれば感化です。何かを決断をして創価学会に入会したり、池田先生の弟子になったりしているわけではない。テキストを読んで正しいと思うから仲間に加わるというのは、どちらかと言えば日本共産党への入党の類型に近い。創価学会の場合は、もっと人格的な交わりによって感化を受けるんです。実際には、ある学会員に出会って、その人の生き方を見て自分も入会するんだけれども、その触発の原型は池田氏との出会いなんです。

開沼　正典が閉じてランダムアクセスできるからこそ、師匠からの触発や感化を受けられる。先の世界宗教化の話とも通じますね。

宗教的エネルギーをいかに維持するか

開沼　世俗化している現代社会においては、いかなる信仰集団も基本的には衰退する可能性が高い。創価学会も例外ではないですが、他と並べると、その衰退速度は遅く、海外ではむしろ拡大している。これはなぜか。佐藤さんはどのように考えていますか。

佐藤　一つは、創価学会が比較的新しい教団だからということがある。

開沼　新しいからこそ、現代人にマッチするということですか。

佐藤　そうです。例えば創価学会の場合は、戦時中に牧口常三郎先生が神札を受けなかったことで特高警察に捕まるだけでなく、そのときの尋問で真っ向から不敬罪に引っかかるような発言をしています。
ただし、時代が変われば状況も変わるし、社会における役割も変わる。いまや公明党は与党であり、創価学会は世界宗教化の段階に入っています。したがって、常に調整が必要になります。創価学会はその調整を怠っていないからこそ、エネルギーを維持できているのだと思います。

信仰を離れた人が再び戻ってくる

開沼　旧統一教会問題以降、宗教二世、三世の議論については、佐藤さんはどう見ていますか。

佐藤　キリスト教でもそうですが、危ういのは教団のなかですくすくと育った二世や三世です。信仰が形骸化《けいがいか》していく可能性があります。少年期や青年期に信仰から離れたものの、何かしらの課題に直面して信心に励む親の姿を思い出して、再び信仰の道に戻ってくる。そういう人は強いですよ。もちろん、創価学会には、信仰が形骸化しないための様々な装置が用意されているわけですが。

開沼　一度、信仰を離れてからの再選択というパターンは、私も多くの事例を聞きました。

佐藤　それをしっかりと書いてくださったから、あの連載は面白かったんです。

開沼　日本全体が少子高齢化していて、どの組織も若者不足という課題を抱えているなかで、創価学会は次世代育成に一定程度成功してもいるように見えます。

佐藤　少子高齢化は創価学会も例外ではないと思いますが、他の教団と比べれば信仰の継承に圧倒的に成功していますからね。大変だったのは、やはり旧統一教会問題以降の空気感です。一時は家庭内における信仰の継承に縛《しば》りがかかりそうになりましたからね。

そもそも「宗教二世」という表現自体が極めて危うい。子どもの権利の観点から宗教二世を取り締まれという乱暴な言説がありましたが、二世には私のようにそれを誇りにしている人だっているわけですから。

不条理に向き合い熱狂に陥らない

開沼　不条理を受け入れる余地をつくる宗教の機能は現代においても有効です。取材で福島や水俣、沖縄の学会員にお会いして、実感しました。原発事故や水俣病、沖縄戦は、地理的にも社会問題としても、日本の周縁に存在します。都会のみならず周縁部でも不条理を抱える人々を包摂《ほうせつ》し人生をトータルコーディネートするような働きを信仰が実現している。

最近は、不条理に向き合うために陰謀論や反科学を唱える小政党に熱狂する人々がいます。そこには、鉤括弧《かぎかっこ》つきの信仰心のようなものも、カリスマを求める心理みたいなものも垣間見えます。ただ、体系的思想が無い中で人を繋ぎ止め拡大しようとすると、過激化するしかなく、誰も幸福にならない。創価学会の歴史はその轍《てつ》を踏むことを避け続けてきた上にある。これが強さの根本です。

佐藤　それはおっしゃる通りです。熱狂に陥りやすいことの一つにナショナリズムがある。例えば近年の日中関係の緊張もあって、政府は中国に対して、もっと強硬な姿勢を示すべきだという声が強まっています。

ここで私が注目しているのは、公明党沖縄県本部の独自路線です。二〇二二年にまとめられた『県民とともに　公明党沖縄県本部50年の歩み』には、沖縄を二度と戦場にしないために中国との関係で断固平和を維持する旨が明言されています。公明党沖縄県本部は、対中関係のみならず、基地問題に関しても、独自路線を打ち出しています。辺野古移設に反対するだけでなく、海兵隊の海外移設を主張している。公明党の中央とは異なる路線です。沖縄県本部の独自の選択を容認しているところに公明党の底力があります。その背景にも公明党の支持母体である創価学会の寛容性がある。このように政治問題についての多様性を東京の創価学会本部や公明党本部が認めているところが偉いんです。

宗教は科学や経済と相容れないものか

開沼　外部から見ると、科学と宗教は相容れない関係にあるように見えます。つまるところは、貧しい人や悩みがある人が宗教にすがる。そんなふうに捉えている。しかし、現実には金融、学術等のグローバルエリートの学会員も分厚く存在していて、世俗での成功を収めている人たちもいる。

佐藤　創価学会の信仰をして一生懸命に働いていると福運が積み重なるから豊かになってくる。その意味においては、いまや貧しさというのは基本的には信仰の動機ではないですよね。

開沼　そうなんです。だから「心の弱い孤独な人が楽になるために宗教にハマって思考停止」みたいな捉え方では捉えきれない。その意味で、この先、世俗化がさらに進んだときに信仰の動機がどう変化するのか。今後はそこを追ってみたいと思っています。

佐藤　私は学術に従事している学会員を見ると、カンタベリーのアンセルムスを思い出すんです。

「知解を求める信仰」という考え方がある。彼ら彼女らは、信仰があるがゆえにもっと知りたいと思うんです。森羅万象に宗教は関係しているから、分野はなんだっていい。どの分野においても〝より正確に知りたい〟という動機が、信仰によって深まっていくし、知ることでさらに信仰が深まっていくんです。外から見れば、信仰とはまったく関係のない学術的な成果が積み重なっているんだけれど、本人にとっては信仰が深まっている。そういうサイクルができ上がってくるから、本人にとって科学と宗教にも矛盾がなくなっていくんです。

池田先生の期待にお応えしたい。先生に〝大科学者になったね〟と思っていただきたい。そう思うだけで、研究の意欲が湧いてくる。これもキリスト教から見れば何も意外なことじゃないんです。出世したいという動機はむしろ学術に対する向き合い方に歪《ゆが》みが出てくる。信仰を深めていくことが自分の学術だし、自分の仕事なんです。学術の世界だけでなく、経済の世界にも同じような競争があるので、これも同様です。

開沼　そうした内在的論理をマスメディアが深く掘り下げることはありませんよね。

佐藤　宗教のなかに入って調査をすればおっかない目に遭うとか、おっかない目に遭わなくても面倒くさいとかって思っているんじゃないでしょうか。

開沼　そうですね。だから前例踏襲が安全だ、と、既存のイメージを再生産し続ける。

宗教に対する無意識の偏見

開沼　セクシャルマイノリティーや少数民族に対するマイクロアグレッション（軽微な攻撃）やアウティング（本人の了承を得ないままの第三者による暴露）、アンコンシャス・バイアス（無意識の偏見）は、様々に問題提起されているものの宗教に対するそれは、いまだに根強い。むしろ、旧統一教会の問題でさらに加速しているといえます。

佐藤　民族に関して言えば、沖縄は日本において民族として位置付けられていないから、ヘイトの対象になっていない。それだから、沖縄に対するヘイトスピーチは法的に規制できない。どうしてもそうやって抜け落ちてしまうところがあるんです。宗教も同じように抜け落ちてしまってるんでしょう。

開沼　宗教差別は現に日本社会に存在しますが、それが無いことにされている。「○○は○○の信者だ」ということが誹謗中傷と直結してしまう現状がある。「○○はＬＧＢＴＱだ、○○人だ」ということではそれが許されないと認識が変わってきたのにもかかわらず。その点も外部から考えるきっかけになればと思います。

佐藤　時間はかかるかもしれませんが、必ず結果がついてくると思いますよ。これは創価学会のなかの人たちにも頑張ってもらわないといけません。

最後になりますが、開沼さんが今回の学会研究を経て、創価学会に期待を寄せていることを、ぜひ聞かせてください。

開沼　繰り返しになりますが、不条理に対する不健全な熱狂が生まれやすい時代の流れに対して、社会のバランスを保つ役割を期待しています。もともと宗教には、個人の救済だけではなく、孤立化した人々を繋ぐことなど、もっと広い役割があったはずです。創価学会には、現代社会の世俗化のなかにあっても、そうした広い役割が残されている。現に、日本で最もアクティブな宗教者を抱えているのは創価学会です。だからこそ、宗教が本来的に持つ力を創価学会には発揮してもらいたいと思っています。

佐藤　すごくいい視点だと思います。世俗化に対して防衛するのではなくて、むしろ世俗化を糧《かて》として宗教の新しい可能性を開いてほしいですね。

あとがき——開沼 博

私は生粋《きっすい》の「外部」です。

創価学会員は、学会員を内部、非学会員を外部と呼び区別します。ただ、「内部」からすると、誰かを「外部」と呼ぶことに躊躇《ちゅうちょ》する場合もあるとも言います。なぜなら、外部と内部の溝《みぞ》を明確にして排除《はいじょ》しているような感覚になるからだと。

ただ、例えばそういう感覚も説明されて初めて「あぁそうなのか」と分かる、その距離感にはやはり何らかの溝があります。

外部たる非創価学会員にとって、内部との接点は、街なかにある独特なデザインの創価学会の会館、「折伏《しゃくぶく》」と呼ばれる勧誘（内部では「仏法対話」などとも呼ばれる）、「潮」「第三文明」等の学会系の出版物の広告、「あの人は学会員らしい」という噂《うわさ》を聞くことや、創価学会を支持母体とする公明党のポスター、選挙前に地域の公明党候補者への投票を依頼されるといったことに限られます。私は、今回の取材を始めるまで、折伏も選挙の依頼も全く受けたことはなく、友人・知人からそのエピソードを聞く程度でした。それ故、先入観はポジティブにもネガティブにもありませんでした。

そんな生粋の外部である私が、なぜ創価学会に関心を持ちフィールドワークを始めたのか。そこには三つの理由があります。

一つ目は、創価学会が「日本最大のタブー」であり続けているということです。英語表現に〝the elephant in the room〟＝「部屋の中にいる巨象」という慣用句があります。この表現は「だれもが気づいているが触れてはいけない前提になっていること」「見て見ぬふりをする話題」、つまりタブーのことを指します。

部屋の中に大きな象がいれば、当然それは皆の視界に入っているはず。でもそれについて話題にしない、してはいけない雰囲気がある。まさに創価学会は日本社会の巨象であることを否定する人はいないでしょう。

そしてそれは、客観的に見ても「日本最大の」存在です。日本社会への影響力から見れば、公明党は一九九九年に与党になって以来、三年ほど下野《げや》しつつも、常に国務大臣を政府内に置いています。もちろん、それだけをもって「最大の」とまでは言えません。

では、その「数の力」はどうか。宗教団体は、それぞれの構成員の数を公表していますが、そこには誇張《こちょう》もまじります。そもそも根拠がなかったり、幽霊《ゆうれい》部員のような、アクティブではない信者もカウントしていたりもします。そこで、アクティブな構成員が実際にどのぐらいいるのかということを検討する必要がありますが、その点もまた、選挙の数字から推測《すいそく》できます。

選挙は面倒《めんどう》です。わざわざ日曜の予定をつぶすか、期日前投票をするにしても平日に役所まで出向かなければならない。「投票するよ」と言って、口先だけで実際に行動を伴《ともな》わなくてもバレることはない。アクティブに人を動かす頭数《あたまかず》がどれだけあるのか、実績が投票の数字として現れます。

例えば、二〇二二年参議院選挙比例代表の公明党の得票数は約六二〇万（六一八万一四三一票）。日本の人口が約一億二〇〇〇万人なので、二〇人に一人が公明党に投票したことになります。ただし、この選挙の投票率は五二・〇五％と約半分。有権者の半分は選挙に行っていないので、その人たちにどこかの政党への投票をお願いできるとしたら、八〇〇〇万、一〇〇〇万と、得票数は上がる可能性があります。さらに、有権者は十八歳以上に限られています。仮に十八歳未満にもどこかの政党への投票をお願いできるとしたら、やはり得票数は上がる可能性があります。

もちろん、投票する全ての人が公明党支持というわけではありません。自民党との選挙協力がある故に公明党に投票する人もいる。無党派層の中で、その時の公明党のマニフェストの何らかの項目が気に入って、たまたま投票する人もいます。また、新聞・週刊誌等はしばしば、「創価学会員には、公明党の政策や政治家が気に入らないから、公明党以外に投票する人が激増している！」という論調をつくりますが、もしそれが一定程度真実だとするならば、その流出分もあります。

……などと足し引きを考えていく余地はありますが、それを踏まえても、日本に住む人の五〜一〇％が公明党に投票し得る状態にあるという試算は、大きく実態から乖離《かいり》しているとはいえない。そして、この一定の割合が創価学会員や、「頼まれたら期日前投票でも、日曜にでも、わざわざ投票に行く」という関係性にある人であることは、客観的事実として浮かび上がります。

政党同士で比較するのであれば、例えば共産党もまた、頭数が多くアクティブな構成員の凝縮性《ぎょうしゅくせい》が高い組織を支持基盤にしています。ただ、同じ二〇二二年の選挙において得票数は約三六〇万（三六一万八三四二票）。二〇一四年衆議院選、二〇一六年参議院選で六〇〇万票を超えたこともありましたが、一方、与党批判票が入りにくかった民主党政権時代の二〇一〇年参院選、二〇一二年衆院選では、この二〇二二年参院選とほぼ同様の約三六〇万票でした。当然ですが、共産党と違い、公明党は与党・自民党批判票をあまり期待できません。また、近年は小政党ができてきていますが、二〇二二年では「れいわ新選組」が二三二万票、「参政党」が一七六万票、「NHKから国民を守る党」が一二五万票。かつての最大野党だった社民党も一二五万票という規模です。

創価学会以外の宗教団体も、与野党問わず、選挙で組織票を入れている事実は旧統一教会問題を契機に改めて意識化されたところですが、どの団体も、多くてせいぜい一〇万票規模の票集めしかできていません。単独で議員を出そうとした宗教団体も、歴史上定期的に出現してきましたが、結局、持続的に議席をとることができた宗教団体は出現せず現在に至ります。

このように選挙の数字に表れたアクティブな構成員の頭数とその影響力を俯瞰《ふかん》すれば、事実として、特定の思想・信条をもった層としての創価学会の存在感は、現代の日本社会において最大規模と言わざるを得ません。

無論、六二〇万という数字は今後さらに減る可能性があります。二〇〇九年衆議院選での公明党の得票は八〇〇万票を超えていたので、急減しているようにも見えます。ただ、そもそも日本社会では人口減少が急激に進んでいます。そして、社会学でいうところの「個人化」も進んでいる。個人化とは、価値観の変化・多様化や都市化や産業構造の変化等の中で個人が組織・集団に縛られなくなることを指します。この人口減少と個人化、その中での次世代の担い手不足等の問題には、創価学会のみならず、日本社会のどんな組織・集団も直面しています。

その中で、例えば、他の宗教団体の信者数の減るスピードと比べたり、大量の組織票を持ち政治を左右すると言われる労組の組織率が下がり、動員力も弱体化し続けている事実と照らし合わせたりすれば、相対的に創価学会は様々な面から衰退のスピードは遅く、他方で海外での勢力拡大を進めている現実もあります。

改めてここで確認したいのは、創価学会がそんな「巨象」であるにもかかわらず、その巨象が「部屋の中にいる」ことを誰も正面から捉えていない、皆が気づきつつも気づいていないかのように振る舞うべきタブーであり続けているということです。もちろん、全人口の五〜一〇%の影響が想定される組織が一枚岩《いちまいいわ》であり続けられるわけはなく、断続的にその周辺では葛藤が起こります。外部から見えやすいところで言うと、その内容は大きく三点に分けられます。

①熱心な創価学会員だったであろう人の中から、創価学会批判の急先鋒《きゅうせんぽう》のオピニオンリーダーが出る、②週刊誌ネタやそれをインターネットに引用する形で、組織内外での抗争等が書き立てられる、③日本で宗教が社会問題化する際に「それなら日本最大でアクティブな宗教団体たる創価学会はどうなっているんだ」と批判の目を向けられる、という三パターンです。

①については、宗教団体に限らず、大企業、政治派閥《はばつ》など恐らくあらゆる巨大組織に起こり

得るもので、スキャンダルとしては分かりやすいものです。「内部から離反者がでるほどにあの組織は腐《くさ》っているんだ」という描き方は、多くの人の耳目《じもく》を集めやすく、その「義憤《ぎふん》」等に共感しやすい。例えば近親者間の憎悪《ぞうお》というのは、日本の殺人事件の半分が親族間であるように、本人たちはもちろん第三者も熱くなりやすいものです。創価学会は「創価家族」という言葉が内部で流通するほど、家族に近しい結びつきが生まれるからこそ、そこから排除されたと当人が思えば、その憎しみと声の大きさは人目を引くものになるのも当然でしょう。

②について、一部週刊誌や経済誌が定期的に「新宗教の内情を分析!」「次の幹部はこうなる」などと「学会ネタ」を出します。ただ、その内容はある種のパターン化・儀礼化し、人々の宗教への高い関心に応える形の整えられた形式がある。私も雑誌記者をやっていた経験があるのでよく分かるのですが、平和で暇な時=他に書くネタが定まらない時に、何度出しても皆が注目するネタは報道ビジネス上、重要です。宗教は、多くの人にとって興味はあっても身近なところに情報がない、様々な憶測が飛び交うテーマで、皆が忘れた頃に打ち込んでいくにはもってこいのネタです。インターネット上でも、九〇年代からあるBBSサイト「2ちゃんねる」(現「5ちゃんねる」)から現在のSNSに至るまで、一部の人ではあっても、関心を持つ人が消えることはないテーマになっています。

③については、直近の安倍晋三元首相暗殺事件(二〇二二年)以来の旧統一教会問題から歴

史を遡っていくと、パナウェーブ研究所（二〇〇三年）、法の華三法行（二〇〇〇年）などをはさみオウム真理教事件（一九九五年）と、ここ三〇年でもいくつかの国内宗教団体が、大きなメディア・イベントのテーマになったスキャンダルがありました。その間も日常的に、一方には芸能人・スポーツ選手等の宗教関連のゴシップがあり、他方に、二〇〇一年のアメリカ同時多発テロ事件によって明確に意識されたイスラム過激派の存在が、ＩＳ（イスラム国）による日本人拘束事件（二〇一五年）などで断続的に思い返されていました。その中で、「信仰の強制」「特異な行動様式」「テロ」といったステレオタイプと宗教とが結びつき、それが創価学会にも及ぶ形で様々な言説が生み出されてきました。もちろん、創価学会自体の宗教団体としてのあり方が問われた事件もありました。「大阪事件」（一九五七年）、「言論出版妨害事件」（一九六九年）、そして「第一次宗門問題」（一九七九年）、「第二次宗門問題」（一九九一年）。これらは外部にとっても事件であったし、内部にとっても信仰上、意味の大きい歴史的転換点と捉えられています。

本書では、この三パターンの言説について深めることを主眼には置きません。なぜならば、そこを追求しても、巨象が巨象として日本社会に存在し続ける理由、そのメカニズムに迫ることにはつながらないからです。

つまり、この三つの「葛藤」を抱えていながらも、どうやら、創価学会は急速に弱体化したり、崩壊したりはしていない。それがなぜなのか。

この問いは、この巨象にポジティブな印象を持つ人もネガティブな印象を持つ人も、答えを出すことができていない難題です。そして、いかなる立場に立とうとも、この答えに迫ることは、一定の意義をもつでしょう。これまで色々な言説が飛び交っていても、結局それは「タブーに触れてみている雰囲気=虚像」でしかなかったわけですから。

生粋の外部である私が、なぜ創価学会に関心を持ちフィールドワークを始めたのか。その理由の二点目。

それは、ここに現代社会に強固に存在する中間集団のモデルの一端が見えるからです。中間集団とは、家族・親族や地域の自治会のつながりもそうだし、仕事に関わる様々な組合、そして趣味を通したつながり、宗教を含む思想信条から同窓グループによるいわゆる学閥のようなものまで含まれます。なぜ「中間」かというと、国家やグローバル市場のような「お上」と「バラバラの個人」との中間に入る集団と捉えられるからです。これは先に述べた個人化とともに崩壊していくものでもあります。

社会に様々に存在してきた中間集団は、現代までに不可逆的に崩壊してきました。例えば、第二次世界大戦直後、日本の就業人口の半分は第一次産業に従事していて、多くの人が農村・漁村などの自治集団に縛り付けられていた。それが、一九六〇、七〇年代に急激に都市化が進む中で崩壊していった。都市部にバラバラの個人が放り出されたわけです。村落共同体（下町の商店街のようなつながりも同様です）は、しがらみが多く抑圧的で「ウザい」存在です。しかしながら、そのウザさと表裏一体で、相互扶助のシステムでもありました。つまり、その内部の構成員を相互扶助の中で生かそうとするセーフティネットの機能ももっていた。そこから離れたバラバラの個人は「自由」である一方で、誰にも相手にしてもらえない、困っていても誰にも助けてもらえない可能性の中にある。

どちらが良いとか悪いとかいう話ではありません。前者から後者に、中間集団に縛られていた人々は、個人化の中で、そのしがらみから解放されつつ、同時に他者とのつながりを持たないバラバラの個人になってきた。いまもその現象は進み続けています。

そのような中で、新たな中間集団の必要性も認識されつつある。

例えば官民問わず、「コミュニティが必要だ」という議論が様々な立場からなされています。過疎地域でも、大規模な災害にあった被災地域を報じるニュースでは「地域コミュニティが崩壊している。コミュニティの再生が必要だ」というもの言いがよくされる。中央省庁が打ち出す政策の中にも、例えば経済産業省だと「コミュニティビジネス」、文部科学省だと「コミュニティスクール」、環境省だと「コミュニティ共創社会」といった概念が打ち出されてきました。バラバラな個人の束《たば》では解決し得ない問題が社会には様々に存在している。そのことへの一つの答えとして「コミュニティ」の必要性を多くの人が主張するわけです。

しかし、そもそも「コミュニティ」とは何でしょうか。よく考えてみればその定義は曖昧《あいまい》で、使っている人が何か明るいものをイメージしながら使っているぐらいの共通点しかない。恐らく、「地域に根ざした人のつながり」くらいのところだと皆が同意できる定義になるかもしれませんが、しかし、「地域に根ざすって何?　インターネット上のつながりは地域に根ざしていない?」「人のつながりって何?　手をつないでいる?　そういう物理的つながりでなければ、何をもって『つながり』という?」などと疑問も湧《わ》いてきます。

そして、コミュニティが「地域に根ざした人のつながり」だとするならば、先に振り返った歴史をふまえると、それが本当にいま私たちを幸せにするのか、私たちが求めているものなのか、という疑問も湧いてきます。つまり、私たちはまさに「地域に根ざした人のつながり」の最も強固なものたる村落共同体のウザさから逃げて、バラバラの個人として生きる自由を謳歌《おうか》するようになってきてもいる。あたかも明るいことのように「コミュニティの再生が私たちを幸せにするはず!」と語る時に、それは、もう一度、私たちがウザいしがらみの中に入ろうとしていることと直結し得るわけです。これは本当に私たちを満足させるのか。私たちがまた逃げたいと思う中間集団とは違うのか。

私たちが「人のつながり」を常に求めていることは事実でしょう。だからインターネットは常に新しい「人とのつながり」をつくることで発展してきた。例えば、何か投稿したところで仕事として評価されるわけでもないSNSに、一日何十回も投稿する人がいる。これは、そこに人と人とのつながりを感じている故です。ただ、例えばインターネットを、恐怖や憎悪を煽《あお》る情報を流すことで政治や戦争の道具とし、射幸心《しゃこうしん》や猜疑《さいぎ》心を喚起《かんき》する情報を流すことで詐欺やフェイクニュースを流布するメディアとして使う動きは、現代社会の混乱の元凶にもなっている。つまり、そこには新たな、しかし不健全な中間集団らしきものが生まれてもいるようだ。

こう考えていくと、可能な限り多くの人が持続可能な形で魅力を感じ、なおかつ、恐怖や憎悪、射幸心や猜疑心を煽らない形で成立し得る健全な中間集団を社会に用意しておく必要性は高まっていると言えます。

そのような中で、創価学会は事実として、創価学会員のコミュニティを各地のそこかしこに、どうやら頭数を足していくと日本最大規模で作っているらしい。もちろん「創価学会が理想の中間集団そのものだ」というつもりはありません。創価学会は先にあげた歴史的経緯に現れる通り、常に政治・宗教分野で戦闘的に振る舞ってきたことは外部でも多くの人が知るところだし、内部でも「勝利」「戦い」などといった言葉が飛び交う、その性質こそが現代に至っても保たれる巨大な集団の原動力となってきたことは間違いない。一方で、その戦闘的な性質は、決別した日蓮正宗を「邪宗門」と呼ぶ等の一部の振る舞いを除けば、手段を選ばずに敵対することを志向しているわけではない。もちろん、イスラム原理主義のやってきたことがつくった「宗教」のイメージのように、日常的に物理的暴力を目的達成の手段にもちいるわけでもない。

中間集団を、持続可能かつ場所や時間を問わず普遍的に成立させるしかけが、そこにはあるらしい。であればそれを抽出《ちゅうしゅつ》することは、例えば何らかの社会課題を抱える地域や、社会課題の解決のために苦闘する企業にも役立つ知恵を得ることにつながるのではないか。

また、現代社会に観察できる中間集団の、中でも不健全なそれの作られ方の背景には、しばしば「陰謀論《いんぼうろん》」が垣間見えます。陰謀論とは、「世界には人々を支配しようとする巨悪が裏にいて、大金を集め、様々な情報を操作・隠蔽《いんぺい》している」といった発想です。陰謀論者たちは、その発想の元で、「巨悪に抵抗しなければならない」と虚偽《きょぎ》の情報を本気で信じて集団をつくり、自分たちの行動原理を定め、それを信じれば自分は救われ、さもなくば世界が破滅《はめつ》に近づくと考えます。例えば、二〇二一年のアメリカ合衆国議会議事堂襲撃事件の背景には、インターネットを通じた陰謀論者たちの軌を一にした思想と行動があったと言われます。現代においては、インターネットを通じて人と人、人と情報が格段につながりやすくなった結果、このような過激な集団も生まれやすくなっている。そこに対して、穏健な集団をいかにつくるのか。そのヒントも創価学会にはあるのではないかという問題意識もあります。

これが、フィールドワークをはじめた理由の二点目です。

理由の三点目は、創価学会にこそ「差別問題化されない差別」があると考えるからです。

「差別問題化されない差別」とは何か。

私の研究領域の一つに、3・11後の福島の研究がありますが、「風評」の問題などに深く関わる中で、そこには「差別問題化されない差別」があると考えてきました。例えば、福島産の一次産品も、福島県の観光地等も科学的安全性が確認されていますが、いまも二割程度の人が「放射能が気になる」と避けることが様々な意識調査からわかっています。さらに、科学的に否定されつくしている現世代・次世代への原発事故由来の放射性物質による健康影響についても、三割程度が「あるのではないか」と考えていることも同時にわかっています。

これは差別であり、実際に様々な形で人権やそこに暮らす人の尊厳《そんげん》を脅《おびや》かす具体的な問題につながってきました。結婚・就職や生活上・仕事上で、差別されたと感じた経験をもつエピソードは枚挙《まいきょ》に暇《いとま》がありません。事実として「原発事故のあと、福島の人が特別な目で見られていると思う」と回答する割合は福島では二〇二四年の現在でも、五割を超えています。既に3・11から一三年たってこれですから、今後もその差別が解消されない構造的問題がそこには横たわっています。福島の問題は「差別問題化されない差別」の問題です。

他にも私は、外国人労働者、繁華街での売春、違法薬物利用者等についてもフィールドワーク型の研究を経験しています。そこにもまた「差別問題化されない差別」があります。もちろん、これらのテーマに差別の問題が絡んでいることは多くの人が認識しています。「弱者」としてスポットライトを当てるメディアもあります。ただ、わかりやすい「スポットライトが当たりやすい弱者」と、「弱者化されない弱者」とがいる。後者には、「思考停止で楽をしようとした結果の自業自得だ」「だらしない人間がそういう境遇に陥《おちい》る」「何を考えているかわからないヤバい人間だ」といった評価が与えられ、差別問題化されないままに放置される。

なぜこれらのような「差別問題化されない差別」が生まれる構造が存在し、放置されるのか。例えば、差別をすることを「正義」と思う特定のイデオロギーを持つ人の存在があり、その中には差別を可視化し解消しようとする言説・行動をあらゆる手段を用いて妨害し口封じしようとする人もいる。「福島は安全で少しずつ復興は進んできている」と主張するだけで、「そいつは政権全肯定の右翼で、東電から金銭的利益をもらっている社会的に抹殺すべき存在だ」と思い込む陰謀論者が、多くの人は気づかなくても、分厚く社会には存在します。私の周辺も私自身も、通常であれば精神的・身体的・社会的に抹殺《まっさつ》されていた、と表現して全く過言ではないだろう経験を何度もしてきました。その手法は陰湿《いんしつ》・執拗《しつよう》かつ組織的で、常に警察や法律家と同志・仲間のサポートを受けながら二〇一一年から一三年間生活してきた現実があります。

他にも、メディアの報道の仕方の問題、多くの人の無関心等々、様々な論点がそこにはあります。しかし、これ以上ここで、「差別問題化されない差別」がなぜ、いかに生まれるのか細かくは触れません。

創価学会員の方々はしばしば「偏見」という言葉を用います。世間には自分たちに対する偏見がある、と。

改めて確認するまでもなく、創価学会をはじめとする宗教団体の信者が「差別問題化されない差別」の対象となっていることは間違いありません。例えば、外部の有識者が創価学会系メディアに出たことをSNS等で周知する際に「私は特定の宗教・政党を支持するわけではありませんが……」とわざわざ断りを入れるのをよく見てきました。近年の社会学における代表的な創価学会研究に玉野和志『創価学会の研究』があります。これは創価学会の都市部における拡大を歴史的にわかりやすく振り返った名著ですが、その表紙にもでかでかと「批判でも称賛でもないはじめての学会論！」と、やはり「称賛しているわけじゃないですから！」という「切り離し」のメッセージが書籍の最も目立つ位置である表紙に書かれている。なぜ、そうやって皆「絶対に支持したり褒めたりしているわけじゃないですから！」と自分との差異をあえて強調するのか。

そこには、「お前も信者なんだろう」とか、「あの問題ある宗教を肯定・礼賛するのか」とか、「取り込まれたんだな」などと後ろ指をさされることへの恐れがある。つまり、そう表明する人は、自分は違うと切り離しを行わないと、自らにも社会からの偏見が向けられることを避けようという思いがある。

ただ、「そういうことなら、仕方ないよね。自分は違いますから！　と言いたくなるのも」と言ってよいものなのでしょうか。

例えば、これが宗教以外の話であればどうか。特定の民族や性別・性的志向の人を読者対象とした媒体はあるが、それに出る時に「私は○○人ではないですが……」とか「私には特定の性的志向はありませんが……」と、その断りを入れる必然性が特段求められないところで、「自分はその人たちとは違う」とわざわざ言うのだとすれば、それは差別を助長《じょちょう》している、あるいは差別そのものだと判断される可能性はある。「お前も○○人なんだろう」とか「お前はあの性的志向をもっている集団と一体化した」といったことを避ける構造が、言外にでも現れれば、差別主義者と同化した立場をとる者と見なされ得るからです。

かつては先祖のルーツや性的志向を週刊誌等が不必要に暴《あば》いたり、そのことをもって「だからあんな悪いことをしているんだ」と論じる言説がまかり通ったり、テレビであえて特定人種やLGBTQ等のマイノリティのステレオタイプな像を描写して笑いの対象にすることもありました。そのような情報を誰も否定しない中で、「その属性を持つ人のことを笑ってもよい、揶揄《やゆ》してもよい、その全員が悪事を働いたり、劣った性質をもっているものと一緒くたにしても構わない」という差別がまかり通っていた時期はあるし、いまもそれは残っています。

ただ、ジェンダー、民族、人種等については「差別問題化」していますが、宗教については、少なくとも日本社会ではいまだに「差別問題化されない差別」がまかり通っています。ジェンダー、民族、人種においては、「アウティング（意図しない形での差別される属性の暴露）」「マイクロアグレッション（日常の中で何気なく行われる見下しや侮辱、否定的言動）」「アンコンシャス・バイアス（無意識の偏見）」「ステレオタイプの再生産」が細かく問題化されてきました。しかし、宗教については、「あの有名人は○○教の信者だ」「それって新興宗教の信者みたいだね」「洗脳されて教組の言う通りにして思考停止すれば楽なんだよ」といったもの言いが、日本社会の信仰を持たない人の間では日常的に交《か》わされています。とりわけ、直近では旧統一教会問題が起こったことにより、オウム真理教事件以来の、いわゆる伝統宗教以外は全てカルトとみなすかのような言説とステレオタイプをマスメディアが再生産してきたところもありました。無論、人の集団があれば、そこには問題にすべきところ、是正《ぜせい》すべきところがあるのは当然です。かといって、一部の不正・不健全さをもってその集団を全否定することはできません。私たちがジェンダー、民族、人種等のマイノリティへの差別問題において、かつて、あるいはいまも、「アウティング」「マイクロアグレッション」「アンコンシャス・バイアス」「ステレオタイプの再生産」をし、一部の不正・不健全さをもってその集団を全否定するかのような態度をとってきたことは事実であり、それを反省する流れの中に現代社会があるのも事実です。ただ、少なくとも日本社会における宗教は、まだそうなっていない。

「SDGsが大事だよね、誰も取り残さない社会にしなければならないよね」と、小学生も企業人も言います。SDGsの一〇番目「世界中から不平等をなくそう」には「二〇三〇年までに、年齢、性別、障がい、人種、民族、生まれ、宗教、経済状態などにかかわらず、すべての人が、能力を高め、社会的、経済的、政治的に取り残されないようにすすめる」という項目があります。日本国内では、「年齢、性別、障がい、人種、民族、生まれ、宗教、経済状態」のうち、「宗教」以外については様々な議論がなされています。しかし、宗教だけは例外的扱いをされ続けています。

もちろん「ハラルフードを食べてイスラム教徒のことを理解しましょう」というようなイベントなどは見かけます。ただ、そうしている人も、あるいは「差別反対」「マイノリティへのヘイトはやめろ」という人も、そのほとんどが、身の周りにいくらでもいる宗教信仰者には関心をもたない。かわりに、強い偏見をもち、時に「宗教を信じる人は洗脳され合理的な思考ができない人」「布教活動をしようとするのは全てあくどいことだ」といったような、信仰を持つ＝カルトと思い込み、その価値観を他者に平然と向けていたりもする。

創価学会は、日本最大の「差別問題化されない差別」の対象となっている集団です。そこには他にも様々に存在する「差別問題化されない差別」に通じる課題が象徴的に現れているはずです。

以上が生粋の外部である私が、創価学会に関心を持ちフィールドワークをはじめた理由です。だいぶスタンスを明確化しましたが、さらに、ここで何に迫りたいのか、その目的をより明確にまとめ直します。

本書では、創価学会の宗教上の教義の優劣を仏教学的に明らかにするわけではなく、公明党やそれが含まれる与党の政治学的分析をするわけでもなく、旧統一教会問題以降に喧《かまびす》しい議論が展開されてきた「宗教保守」や「宗教二世」の苦しみの問題に宗教社会学的問題に迫るわけでもなく、もちろん週刊誌やインターネット黎明期からBBSサイト「2ちゃんねる（現・5ちゃんねる）」等が生産し続けてきた言説、いわゆる「新興宗教」の「カルト性」を書きたてようというのでもありません。

人によってはこれらの問題のほうが大事だとか、あるいは創価学会を扱うならば絶対にその問題を中心に据えるべきだ、さもなくば何らかの問題があると主張するかとも思いますが、それは本書が扱う関心の範疇外《はんちゅうがい》にあります。「これらの問題のほうが大事だ」という意見にも最大限の配慮はしますが、それでも不足があると言うならぜひその関心をもとに私と同様にフィールドワークをしながらその研究を進めて頂ければよろしいかと思います。

また、中には執拗《しつよう》に「カネを貰っている、不健全な癒着・一体化をしているから、こんな歪《ゆが》んだことを書いているにちがいない」とまとわりついてくる陰謀論者による言説も生まれるでしょう。確かにオウム真理教事件の際には学者がその思想・活動家の正当化に関わった事実があり、そのような事態にならぬよう細心の注意を払う必要はあります。一方、そのような発想を何にでも当てはめようとすること自体が陰謀論と差別意識に支えられたものとして存在しています。私は福島の問題に関わる中でそのような陰謀論者にストーキングされ続けてきたので自分自身にとっては何ら新鮮味のない経験になりますが、そのような言説が創価学会以外も含めた宗教的マイノリティへの差別の再生産につながること、また後進の研究者にとっても創価学会等を研究することを躊躇させ学問と言論の自由を阻《はば》むことにつながることは懸念します。その点を鑑《かんが》み、本書の刊行によって得た印税等の利益は、東日本大震災・福島第一原発事故及び、直近の能登半島地震などの被災地・被災者の復興、特に情報災害とも言われる風評被害等への対策に役立つよう諸経費を差し引いた上で全て寄付します。つまり、私自身はこの研究から経済的利益は一切得ませんし、一方で研究対象である創価学会に便宜《べんぎ》を図ることもしません。

本書の構成は独特なものです。結論から言うと、「外部」にとっては読みにくい部分が多いかもしれません。

なぜか。まず、「内部」独自の言葉が使われる記述が本書の半分以上を占めるということ。

この「内部」の言葉と論理は外部からしたら、読み下す事自体が実は大変難しいものです。

本書は、創価学会の内部向けの機関紙である聖教新聞の記者によるルポがあり、その後、同じ対象を取材した私の解説が入ります。創価学会には独特の言い回しや価値観、あるいは新聞等の創価学会系の媒体に載せる上での典型的な物語の展開などがあります。これを記者の方々も血肉化していて、無意識にその書き方をしてしまう。

私自身は、二年余りフィールドワークを続ける中で、一定程度、「バイリンガル」になってきたのでわかりますが、恐らく外部の人にとっては、外国語を無理に読もうとするときのような感覚に陥るかもしれません。

さらに、私自身の文章もまた、学術的な言葉や思考の枠組みを使いながら、創価学会を分析しています。これも、学術的な言葉は極力わかりやすく工夫をしましたし、聖教新聞に載せる以上「聖教新聞タッチ」に論理を進めていった部分もあり、内部からすれば「あーあのことね。こう分析できるんだ」となる話ですが、外部からすれば「あのこと」自体がよく分からないので「分かるような、分からないような、本当かな」という感覚になることもあるでしょう。

そういった意味では、本書の読者ターゲットは、「内部」をメインとしつつ、分かりやすく言うのであれば「家族や親しい友人が内部で、色々やっているのは見ているけど特に細部には関心が無かった外部」「けっこう長い間折伏を受けていて、ある程度、何をやっているのかは聞いていたけど特に入会とかには興味がない外部」「地方議会議員で公明党の人ともお付き合いがあって、なんでこんな支持者との関係ができているんだろうと思っている外部」などにも「こういうことだったのか」と分かってもらえる部分はあると思います。とは言え、「なんか不思議な組織・集団だな」という潜在的な創価学会への関心は高く、もっと幅広い層にも届くことを願っていますし、私のような生粋の外部にとっても、様々な面白みを感じる部分はあるでしょう。当初は、外部向けにルポ部分を全面的に書き直すことも考えましたが、それだと、内部の世界が見えにくくなるため、脚注《きゃくちゅう》をつけることにとどめました。もっと外部向けに分かりやすく書いてほしい、というニーズがあるようであれば、また稿を改めたいと思います。

本書が迫りたいのは、創価学会員の「生活」です。教義や政治や社会との葛藤・ズレではありません。

創価学会の内部の人たちは、もちろん外部の人と同様の社会の中に共に生きています。ただ、彼ら「内部」には、独自の生活習慣、年中行事、地元観や世界観、あるべき人間関係や幸福・悩みへの態度があります。この創価学会の内部に生きる人々が形成するコミュニティのあり方と生活様式は、「外部」からは驚くほど見えてきません。すぐそこに、大勢いるはずなのに。

「生活」に迫ることでこそ、この「巨象」の実態を明らかにすることが可能になります。象の腹の下に潜りこむことで、そこには誰も見たことのない（象自身も意識しては見たことのない）日本最大のタブーの実態の一端が鮮明に見えるでしょう。そして、内部と外部との理解の回路が開かれれば、あるべき中間集団のあり方に関する知恵が共有されたり、現に存在する「差別問題化されない差別」が減っていったりすることにもつながるでしょう。

一定のフィールドワークを経て思うのは、創価学会という「巨象」が、観察し続けるほど、知れば知るほど新しい謎が生まれてくる不思議な存在だということです。そしていかなるスタンスに立つにせよ、同じ部屋にいながらそれを見て見ぬふりをし続ける人にも、そこに少しでも興味があれば、ぜひ一緒に巨象の腹の下に潜ってみる経験をしてもらえればと思います。

装丁　Malpu Design
本文デザイン　水野拓央

「外部」と見た創価学会の現場

2024年7月11日　初版発行

編　者　聖教新聞社
発行者　南　晋三
発行所　株式会社 潮出版社
〒102-8110　東京都千代田区一番町6　一番町SQUARE
電話／03-3230-0781（編集）
03-3230-0741（営業）
振替口座／00150-5-61090
印刷・製本　株式会社 暁印刷

ISBN978-4-267-02430-6 C0095

潮出版社ホームページ URL　www.usio.co.jp